Découvrez l'histoire par les archives de presse

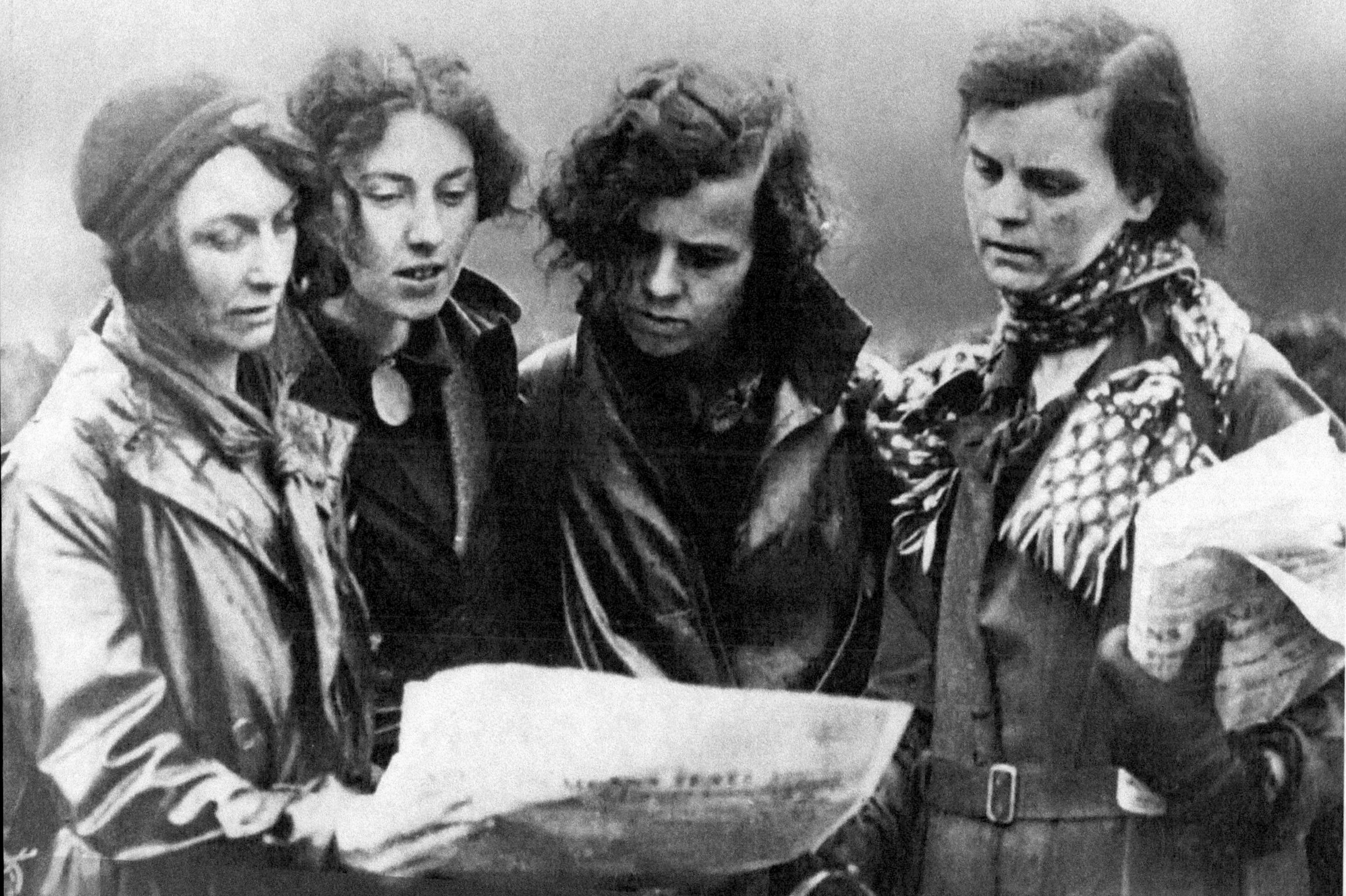

RETRONEWS
Le site de presse de la BnF
www.retronews.fr

Société des Sciences, Lettres & Arts de Bayonne

BVLLETIN TRIMESTRIEL

NVMÉROS 1, 2, 3 & 4

:: ANNÉE M.CM.XVIII ::

BAYONNE

IMPRIMERIE A. FOLTZER

9, RVE JACQVES-LAFFITTE

—

M.CM.XVIII

SOMMAIRE

A paraître dans les prochains numéros :

Les Baillis de Labourd. — Les Baronnies de Labourd, par M. Jean de Jaurgain, Membre correspondant de l'Académie d'Histoire de Madrid . — Les Armoiries véritables de Bayonne, par M. André Grimard. — Le pays de Labourd a la fin du xviii° siècle (suite), par M. Maurice Dussarp. — Soldats héroïques des régiments de Bayonne, par M. le Capitaine François Duhourcau.

SOCIÉTÉ
DES SCIENCES, LETTRES & ARTS
DE BAYONNE

BIBLIOTHÈQUE NATIONALE
SOCIÉTÉS SAVANTES
N° 8278
IMPRIMÉS

Société des Sciences, Lettres & Arts de Bayonne

BVLLETIN TRIMESTRIEL

NVMÉROS 1, 2, 3 & 4

:: ANNÉE M.CM.XVIII :: 1918

BAYONNE

IMPRIMERIE A. FOLTZER

9, RVE JACQVES-LAFFITTE

M.CM.XVIII

PROCÈS-VERBAUX DES SÉANCES

Séance du 7 Janvier 1918

PRÉSIDENCE DE M. GRIMARD, VICE-PRÉSIDENT

Etaient présents : Madame Georges, MM. Georges Bergès, Castilla, Cazedevant, P. Destandau, Duhourcau, L' C¹ Duvot, Georges, Godinet, B. Gomez, Grimard, Hérelle, J. Labrouche, P. Labrouche, Charles Lagrolet, Pierre Mendy, A. Personnaz, Ct Portalis, Salane.

Excusés : Ct Bois-Viel, Ct Baron.

Lecture du procès-verbal de la dernière séance.

PUBLICATIONS REÇUES. — *Bulletin de l'Union historique et Archéologique du Sud-Ouest.* (Juillet-Octobre 1917). — *Bulletin archéologique du Comité des Travaux historiques et Scientifiques.* (Année 1916). — *Revue de Géographie commerciale.* (Juillet-Décembre 1917). — *Escolo deras Pirénéos : armanac dera montanho* (1916-1918) — *Le Poilu Saint-Emilionnais.* (Octobre-Novembre 1917). — *Compte-rendu des Séances du Conseil Général des Basses-Pyrénées.* (Session ordinaire d'Août 1917).

M. Benjamin Gomez fait don à la Société des exemplaires de ses revues : *En cinq sec ! Bayonne à la Chine* et *Un chic de luts*, témoignages de l'esprit à Bayonne, pendant la guerre.

M. G. Hérelle offre un exemplaire de *Canico et Bellchitine*, farce charivarique, avec notice sur le théâtre basque et commentaire par lui-même. La notice est une première esquisse des études sur le théâtre basque dont M. Hérelle publie dans notre bulletin les chapitres les plus particuliers.

PRÉSENTATION. — Trois noms nouveaux sont présentés aux suffrages de la Société.

COMMUNICATION. — M. G. Hérelle aborde, dans cette séance, les *pastorales comiques* du théâtre basque.

Ce sont d'abord les *tragi-comédies de Carnaval.* Les trois que l'on connaisse sont *Pansarl, Bacchus* et le *Jugemenl de Mardi-Gras.* Encore le manuscrit de cette dernière est-il perdu. Chacune de ces pièces réunit trois genres : une moralité, une bataille et un procès. M. Hérelle donne lecture de quelques extraits savoureux de *Pansarl* et *de Bacchus.* Il passe ensuite aux *mascarades souletines.* Il en décrit tout d'abord le cortège composé d'une double file : les rouges et les noirs. Les rouges ou les nobles, ce sont les géns etles animaux de la Soule ; les noirs, ce sont les étrangers auxquels manquent, naturellement, toutes les qualités. Ces mascarades comportent des scènes mimées, des ballets et des scènes de comédie qui sont tout ensemble mimées, dansées et parlées. M. Hérelle, dans une réunion ultérieure, parlera des *farces charivariques* et apportera ses *conclusions générales* sur le théâtre basque.

La séance est levée à 18 heures 45.

Le Secrétaire : F. DUHOURCAU.

ASSEMBLÉE GÉNÉRALE

Séance du 4 Février 1918.

Présidence de M. Grimard, vice-président

Etaient présents : MM. Georges Bergès, Ct Bois-Viel, Pt Destandau, Dours, Duhourcau, Fourcade, Georges, Godinet, Grimard, J. Labrouche, P. Labrouche, M. Martin, A. Personnaz, Ct Portalis, P. Roquebert, Salane, Serval.

Lecture du procès-verbal de la dernière séance.

Rapports annuels. — Le Secrétaire et le Trésorier lisent leurs rapports qui sont reproduits plus loin.

Félicitations au Bureau. — M. Salane ayant fait l'éloge du secrétaire et demandé que l'Assemblée le complimentât, M. Grimard fit de même pour le trésorier et M. Dours pour le vice-président. L'Assemblée Générale a été unanime à féliciter et remercier tout le Bureau, comme de juste, du zèle et de l'intelligence avec lesquels il avait géré les affaires de la société et assuré sa prospérité.

Questions diverses. — L'Assemblée vote à l'unanimité une proposition du bureau tendant à demander aux Sociétaires mobilisés de vouloir bien alléger, dans la mesure de leurs moyens, les charges de la Société, en consentent à payer leur cotisation, en totalité ou partie.

PUBLICATIONS REÇUES. — *Bulletin archéologique du Comité des Travaux historiques et scientifiques* (année 1917, 1re livraison) — *La Revue belge* (1re année, 1er numéro). Ce numéro contient une remarquable étude de l'historien national de la Belgique, Henri Pirenne, sur les *Origines de l'Etat belge.*

L'*Hôpital Militaire de Bayonne*, gracieusement offert à la Société par son auteur M. Maurice Martin.

PRÉSENTATION. — Trois noms nouveaux sont présentés aux suffrages de la Société.

ÉLECTIONS. — Sont élus à l'unanimité :

Madame BURDETT-MASON, présentée par MM. Grimard ét Duhourcau.

Madame ANTONIN PERSONNAZ, présentée par MM. Paul Labrouche et Duhourcau.

Monsieur JEAN YBARNÉGARAY, député de Mauléon, présenté par MM. Guichenné et Duhourcau.

La séance est levée à dix-huit heures trente.

Le Secrétaire : F. DUHOURCAU.

RAPPORT DU SECRÉTAIRE

A Messieurs les membres de la Société des Sciences,
Lettres et Arts de Bayonne

Messieurs,

J'ai l'honneur de vous rendre compte de la situation de notre Société telles que l'ont faite, en particulier, les incidents survenus après notre dernière Assemblée Générale (Février 1917).

Situation générale. — Je ne disserterai pas de la scission qui s'est produite à la suite du vote de cette Assemblée. Le bureau, dans une circulaire à tous les Sociétaires, en date du 12 mai 1917, a mis au point ce regrettable incident. Je dirai seulement que votre bureau s'est prêté depuis lors à deux tentatives de conciliation faites l'une par M. Garat, l'autre par M. Colas et certains de nos collègues : l'une et l'autre ont échoué devant l'intransigeance du Conseil d'administration des *Etudes régionales.*

Il y a à enregistrer, dans le courant de 1917, 27 démissions. Elles sont dues, pour la plupart, au vote de l'Assemblée Générale qui demandait le respect de nos statuts. Enfin, nous avons à regretter le décès de 3 sociétaires : Madame Albert Lasserre, Madame de Grandry, Monsieur Burdett-Mason.

En regard, nous avons admis parmi nous 60 membres nouveaux. Si l'on compte ceux qui vont être élus ou présentés aujourd'hui (6), si l'on ajoute 3 abonnements nouveaux, l'exercice 1917 se termine à ce jour par un gain de 39, avec un total de 175 membres et 6 abonnements. Depuis sa fondation en 1873, jamais la société n'a été si nombreuse.

Réunions et bulletins. — Le bureau, en même temps qu'il s'attachait à activer le recrutement de la Société, s'est efforcé de rendre nos réunions mensuelles plus intéressantes par le choix des communications, et de relever notre bulletin, tant par la nature des études que par la présentation typographique. Il a cru enfin qu'il appartenait à notre Société de recueillir les témoignages de la gloire que conquiéraient devant l'ennemi soldats et marins de notre région. Sans négliger les études sur le passé, il a tenu à marquer que la plus belle histoire, aussi bien provinciale que nationale, est en train de s'écrire avec du sang et qu'il fallait n'en rien laisser perdre. C'est dans ce sens que nous continuerons de travailler. Cela ne peut que nous valoir l'estime et l'attachement d'un plus grand nombre de nos compatriotes.

Situation financière. — Notre trésorier nous rendra compte de l'état de nos finances et de nos charges.

Une tradition nous a été transmise qui consiste à établir ses dépenses à cheval sur les recettes de deux années. Nous romprons avec cette tradition, dès que ce sera possible Notre objectif est que chaque année règle ses dépenses avec ses recettes ; nous comptons l'atteindre, dès l'an prochain, puisque alors nous aurons achevé de liquider la très ancienne créance de notre imprimeur que M. Yturbide avait prise à son nom. Les derniers 300 fr. qui ainsi sont dus encore à M. Yturbide lui seront payés dans le courant de 1918.

Toutefois, étant donnée la cherté du papier, il faut, dès à présent, si nous voulons continuer d'éditer un bulletin digne de nous, songer à restreindre certaines dépenses et à acquérir des recettes nouvelles.

Le bureau vous soumettra tout à l'heure un projet concernant les sociétaires mobilisés. Il y a là une situation obérante qu'il faut régler sans retard.

Enfin, je me permets de rappeler à tous nos membres qu'il n'est qu'un moyen de constituer de belles recettes, c'est d'accroître le nombre de Sociétaires. Le bureau fait beaucoup dans ce sens; il espère que tous les sociétaires trouveront et les communications mensuelles et les études du bulletin assez intéressantes pour faire inscrire à la Société leurs amis que l'histoire passée et présente de Bayonne et de sa région ne peut laisser indifférents. Chaque membre devrait considérer comme une obligation morale envers la Société de lui amener, au cours de chaque année, un sociétaire nouveau. Ainsi pourrions-nous être sûrs de continuer et de parfaire notre œuvre, en dépit des difficultés de tous genres.

Le Secrétaire : F. DUHOURCAU.

RAPPORT DU TRÉSORIER

Monsieur le Président,

Messieurs,

A l'exposé si franc, si précis que vous venez d'entendre, votre Trésorier ne saurait ajouter qu'une chose :

M. le Capitaine Duhourcau, après avoir versé son sang pour la Patrie, a bien voulu, dans les circonstances que vous connaissez, accepter la charge de Secrétaire Général, ce qui n'est pas une sinécure. En effet, il s'agit de préparer réunions et conférences, notifier leur admission aux nouveaux membres, adresser condoléances aux familles des Sociétaires décédés, veiller à la composition du Bulletin, à la correction des épreuves, etc.

Tout cela exige de l'initiative, du talent, du temps, de la bonne volonté.

Il n'est donc point téméraire d'avancer que si notre Société est encore vivante, elle le doit en grande partie à l'influence et au dévouement continu de son glorieux et sympathique Secrétaire.

En conséquence, je vous demanderai, Messieurs et chers Collègues, de bien vouloir lui témoigner notre très-sincère reconnaissance en lui votant des remerciements mérités, et dont mention serait faite sur le procès-verbal de ce jour.

Cette proposition est adoptée à l'unanimité des Membres présents le Trésorier donne ensuite lecture de l'Etat des Recettes et Dépenses suivant :

ETAT DES RECETTES ET DEPENSES
DU 6 FÉVRIER 1917 AU 4 FÉVRIER 1918

RECETTES			DÉPENSES		
Solde en caisse au 5 février 1917.......	365	15	Impression du Bulletin, de convocations, circulaires, etc...............	1.067	55
Encaissé 3 cotisations de 1916.....	30	»»	Observations météorologiques........	100	»»
Encaissé 144 cotisations de 1917......	1.440	»»	Brochure et fournitures..............	113	»»
Encaissé 2 cotisations de 1918..........	20	»»	Frais de recouvrement, envoi du Bultin, correspondance, convocations......	48	75
Encaissé 2 abonnements Nilson	20	»»	Secrétariat et Archives..............	29	»»
Don de M. Lesca ...	100	»»	Tableau pour l'affichage du Bulletin météorologique ...	26	10
Vente du Bulletin net	20	25	Cotisation à l'Union historique et archéologique du Sud-Ouest	20	»»
			Amortissement de la créance de l'imprimeur (5e à-compte)	300	»»
			Location tour Château-Vieux........	1	»»
			Divers	6	»»
			TOTAL des dépenses..	1.708	40
			SOLDE EN CAISSE à ce jour............	287	»»
BALANCE ÉGALE......	1.995	40	BALANCE ÉGALE......	1.995	40

Certifié véritable le présent état, à Bayonne, le 4 Février 1918.

Le Trésorier,
H. SALANE.

Séance du 4 Mars 1918

PRÉSIDENCE DE M. GRIMARD, VICE-PRÉSIDENT.

Étaient présents : MM. Grimard, Fourcade, G. Bergès, Maurice Martin, Dr Heulz, Dours,. Lt Cl Duvot, Cl de Castelnau d'Essenault, Pierre Louis, Georges, Godinet, Nogaret, J. Labrouche, Prést Destandau, L. Castilla, P. Roquebert, P. Labrouche, Salane.

Se sont fait excuser : MM. Le Cap. Duhourcau, Ct Baron, Portalis.

La parole est donnée au Trésorier qui lit le procès-verbal de l'Assemblée Générale du 4 février dernier rédigé par M. le Secrétaire Général absent.

M. le Président Destandau émet l'avis que certains passages du procès-verbal pourraient ne pas être maintenus. MM. Godinet, J. Labrouche, Nogaret se rallient à cette proposition. Après une courte discussion, l'assemblée consultée, M. le Vice-Président adopte la proposition.

PUBLICATIONS REÇUES. — *Bolelin de la Commission de Monumentos historicos y artisticos de Navarra* (1917-4e trimestre).

QUESTIONS DIVERSES. — Observation de M. le Vice-Président de Marien, transmise par M. P. Labrouche, au sujet du recouvrement des cotisations.

PRÉSENTATION DE NOUVEAUX MEMBRES. — Deux noms nouveaux sont présentés aux suffrages de la société.

ÉLECTIONS. — Sont élus à l'unanimité des 18 membres présents :

MM. CARLOS PETIT, notaire, Lt PIERRE D'ANDURAIN, CARLITO OYARZUN, négociant.

COMMUNICATION. — M. Maurice Martin lit 5 poésies de sa composition sur Bayonne ou les Landes, fréquemment applaudies par tous les assistants.

La séance est levée à 18 heures.　*Le Trésorier* : H. SALANE.

Séance du 8 Avril 1918

PRÉSIDENCE DE M. GRIMARD, VICE-PRÉSIDENT

Étaient présents : MM. Pierre d'Andurain, Béguet, Georges Bergès, Castilla, Maxime Clérisse, Darrigrand, Dours, Ducazau, Duhourcau, Lt Cl Duvot, F. Fourcade, Godinet, Grimard, Dr Heulz, J. Labrouche, P. Labrouche, Ch. Lagrolet, P. Louis, M. Martin, Nogaret, A. Personnaz, Ct Portalis, P. Roquebert, de Saint-Louvent, H. Salane, A. Soulange-Bodin.

Lecture du procès-verbal de la dernière séance.

PUBLICATIONS REÇUES. — Les deux premiers bulletins de la *Société bayonnaise d'Etudes régionales*. Deux études du Capitaine F. Duhourcau.

DÉCÈS. — Le Secrétaire annonce le décès de M. Serval, ancien vice-président de la Société, un de nos membres les plus cordialement estimés. Il a écrit à son neveu pour présenter les condoléances de la société, et de même à M. Casedevant pour la mort de son troisième fils.

CORRESPONDANCE. — Reçu de nombreuses lettres de remerciements au sujet d'invitations à la conférence Ybarnégaray.

QUESTIONS DIVERSES. — Le secrétaire rend compte des raisons qui ont déterminé le bureau à prendre l'initiative de la Conférence Ybarnégaray, au théâtre de Bayonne. Cette belle manifestation d'union sacrée pour tenir jusqu'à la victoire totale a valu 1.753 francs à l'œuvre d'assistance du soldat sans famille que patronne la Société.

Lecture d'une adresse à S. M. le roi d'Espagne jointe aux deux bulletins de la Société qui lui sont envoyés.

Après discussion, l'assemblée approuve les mesures du Bureau en vue du recrutement et de la présentation de nouveaux sociétaires.

Le Secrétaire annonce que la dette de la Société est éteinte : les derniers 300 francs dus à M. Yturbide lui ont été remis par le trésorier.

PRÉSENTATION. — Plusieurs noms nouveaux sont présentés aux suffrages de la Société.

ÉLECTIONS. — Sont élus à l'unanimité :
S. G. Mgr. GIEURE, évêque de Bayonne.
M. FORSANS, sénateur, maire de Biarritz.
M. LE BARILLIER, conseiller général, maire d'Anglet.
M. Louis GARNIER, proviseur du Lycée.
Madame PAGÈS-LEBAS.
M. le Commandant LABAT.
Madame Vve GODIN, directrice du Cours supérieur de jeunes filles.
M. Henry BÉHOTÉGUY.
M. Georges COURTIGNON.
M. le Dr Axel BJORKEGREN.
Madame Arthur LEBAS.
      présentés par le Bureau.
M. le Lt Cl DE RESSÉGUIER, présenté par MM. Ch. Lagrolet et Duhourcau.
Madame Gabriel PERSONNAZ, présentée par MM. Antonin et André Personnaz,

M. Georges Laffontan, présenté par MM. A. Lasserre et Cne Forgeot.

Madame E. Lagelouze, présentée par MM. A. Soulange-Bodin et P. Labrouche.

Madame Emmanuel Molinié, présentée par MM. A. Personnaz et P. Labrouche.

Madame Georges Bergès, présentée par MM. A. Grimard et F. Duhourcau.

M. Léon Charpentier, négociant, présenté par MM. A. Grimard et G. Bergès.

M. Maxime Clérisse, avocat, présenté par MM. Labrouche et P· d'Andurain.

M. Camille Diharce, joaillier, consul de Belgique.

M. Vincent Cazalis, teinturier, présentés par MM. Le Beuf et F. Duhourcau.

Présidence d'honneur. — Sur la proposition de M. le Capitaine Duhourcau, S. G. Mgr. Gieure est portée à l'une des présidences d'honneur, à l'unanimité.

Communication. — Le Secrétaire lit un travail de M. G. Hérelle sur la *moralité des farces charivariques*, fragment d'une magistrale étude qui paraîtra dans notre prochain bulletin..

La séance est levée à 18 heures 30.

Le Secrétaire : F. DUHOURCAU.

Séance du 6 Mai 1918

Présidence de M. Grimard, vice-président

Etaient présents : Madame Ed. Gillet, MM. H. Béhotéguy, Georges Bergès, Castilla, M. Clérisse, Ducazau, Duhourcau, Lt Cl Duvot, L. Forel, Garcia-Mansilla, L. Garnier, Godinet, Grimard, G. Hérelle, F. Labrouche, P. Labrouche, Ch. Lagrolet, E. Lagrolet, P. Louis, Nogaret, A. Personnaz, Ct Portalis, P. Roquebert, de Saint-Louvent, H. Salane, A. Soulange-Bodin.

Lecture du procès-verbal de la dernière séance.

Publications reçues. — *Le Rayon* (n° de Pâques).

Correspondance. — Lettres de remerciements de MM. Casedevant et C. Serval, pour les condoléances qui leur ont été adressées; de S. G. Mgr Gieure; de MM. le Dr Bjorkegren, Léon Charpentier, Vincent Cazalis pour leur élection.

Questions diverses. — Le Secrétaire rend compte de son heureuse démarche, au nom du Bureau, auprès de M. Garat pour la réouverture de la Bibliothèque municipale.

M. P. Labrouche propose que la Société s'associe aux nombreux groupes intellectuels ou autres qui ont protesté contre la célébration du centenaire de Karl Marx. Le vœu est adopté à l'unanimité, à mains levées. Le Secrétaire rédigera la protestation.

Présentation. — Un nom nouveau est présenté aux suffrages de la Société.

Élections. — Sont élus à l'unanimité :

Madame Fernand Diolé, présentée par MM. A. Le Barillier et F. Duhourcau.

Madame A. Descande, présentée par MM. A. Descande et P. Labrouché.

Madame Petit-Ducourau,

Mademoiselle Pouzac, présentées par MM. F. Labrouche et P. Roquebert.

Mademoiselle Louise Roquebert,

Monsieur Raymond de Cazes, présentés par MM. le Ct de Marien et J. Labrouche.

Monsieur Léon Fossat, directeur des Douanes, présenté par MM. E. Lagrolet et Ch. Lagrolet.

Monsieur Fauconnier, sous-préfet de Bayonne, présenté par MM. J. Garat et F. Duhourcau.

Monsieur l'abbé Gaston Larre, curé de Ste Eugénie, présenté par MM. Ch. Lagrolet et F. Duhourcau.

Monsieur Henri du Mesnil, présenté par MM. A. Grimard et F. Duhourcau.

Monsieur César Serval, présenté par MM. A. Grimard et G. Bergès.

Monsieur Louis Forel, chef de la gare du Midi, présenté par MM. Nogaret et P. Labrouche.

Monsieur l'abbé Ph. Larrieu, professeur au collège Saint-Louis-de-Gonzague,

Monsieur Raphaël Fagalde, directeur des Magasins du Printemps, présentés par le Bureau.

Communication. — M. G. Hérelle achève la série des conférences sur *le théâtre basque* qu'il a données, avec beaucoup de science et de charme, à diverses de nos réunions mensuelles. Il ne juge pas utile de compléter le tableau des *pastorales comiques* par la présentation des *parades et farces charivariques*, le bulletin de la Société publiant ses études sur ces sujets. Il montre ce théâtre basque comme

la seule survivance aujourd'hui d'un théâtre populaire et rural,
dérivé des Mystères, qui florissait dans toute l'Europe occidentale
au Moyen Age et qu'a tué l'avènement de théâtre moderne. Celui-ci,
par ses caractéristiques, est une grosse entreprise industrielle qui
ne peut réussir que dans les grands centres. Il faut s'attendre, surtout après cette guerre qui aura fauché la jeunesse, à voir disparaître ces fêtes dramatiques si pittoresques qui animaient les villages souletins, pour la plus grande joie du peuple campagnard et le
plaisir des amateurs du passé.

La séance est levée à 18 heures 45.

Le Secrétaire : F. DUHOURCAU.

Séance du 3 juin 1918.

PRÉSIDENCE DE M. LE Ct DE MARIÉN, VICE-PRÉSIDENT.

Présents : Mesdemoiselles Pouzac, Roquebert, MM. Ct de Cazes,
M. Clérisse, Duhourcau, Godinet, Grimard, Dr Heulz, J. Labrouche,
Ch. Lagrolet, Abbé Larrieu, Ct de Marien, Ct Portalis, P. Roque-
bert, de Saint-Louvent, Salane.

Excusés : MM. Léon Fossat, Dr Bjorkegren, Lt Cl Duvot.

M. le Ct de Marien, de retour à Bayonne définitivement, adresse
quelques mots de bienvenue à l'assemblée, après avoir pris le fau-
teuil de la présidence.

Lecture du procès-verbal de la dernière séance.

PUBLICATIONS REÇUES. — *Mémoires de l'Académie nationale des
Sciences, Arts* et *Belles-Lettres de Caen*, 1916-17. *Bulletin de la Société de Borda*, 1917. *Bulletin de l'Union historique et archéologique
du S. O.* Janvier-Avril 1918. *Boletin de la Comision de Monumentos
historicos y artisticos de Navarra*, 1er Trimestre de 1918. *Le Poilu
St Emilionnais*, Avril 1918.

ELECTIONS. — Sont élus à l'unanimité :

Madame MANINGUE, Bayonne.

M. Dominique ANATOL, inspecteur principal des douanes en retraite, Anglet.

COMMUNICATION. — Le secrétaire présente à l'assemblée des documents nouveaux relatant les difficultés d'établissement de la franchise à Bayonne et en Labourd (1784). Les premiers proviennent des

archives du Ministère des Affaires Étrangères et sont transmis par M. Maurice Lévy. Ce sont des lettres ou mémoires de l'intendant de Néville et de Dupont de Nemours rapportant les troubles suscités à Bayonne par les opposants à la franchise et le retard apporté par le Parlement de Bordeaux à l'enregistrement des lettres-patentes. Les seconds documents sont extraits de la suite de l'étude que consacre Maurice Daussarp au pays de Labourd à la fin du XVIIIe siècle. Ils montrent comment l'opposition des Basques labourdins, maintenus en dehors de la zone franche, à la venue des commis des fermes, opposition entretenue et attisée par la crainte d'une atteinte aux privilèges locaux, provoque des troubles dans quelques villages à l'est de la Nive. L'intendant de Néville les fait cesser par des mesures énergiques et songe alors à proposer au Conseil du Roi tout un plan de réformes de la Constitution du Labourd.

M. le Ct de Marien remercie le Secrétaire et souligne l'intérêt historique de la communication.

La séance est levée à 18 h. 15.

Le Secrétaire : F. DUHOURCAU.

Séance du 1er juillet 1918

PRÉSIDENCE DE M. LE CT DE MARIEN, VICE-PRÉSIDENT.

Présents : MM. D. Anatol, G. Bergès, Casedevant, Ducazau, Duhourcau, Lt Cl Duvot, Fossat, J. Fourcade, Georges, Godinet, Grimard, F. Labrouche, Le Beuf, Ct de Marien, Ct Portalis, Ct Ròch, Roquebert, de Saint-Louvent, A. Soulange-Bodin.

Excusés : MM. Ct Bois-Viel, Salane, H. Bétotéguy, L. Dours.

Lecture du procès-verbal de la dernière séance.

PUBLICATIONS REÇUES.— *Revue de Géographie commerciale*. Avril-Juin 1918.

QUESTIONS DIVERSES. — La question des vacances ayant été posée par le bureau, l'assemblée décide de s'ajourner jusqu'en novembre.

COMMUNICATION. — M. le capitaine Duhourcau lit une communication sur le lieutenant Roger Le Barillier, du 49e régiment d'Infanterie, tué à l'ennemi. Cet hommage, constitué par les témoignages des officiers du régiment et par les lettres du jeune mort à sa famille, sera inséré dans le bulletin de l'année. Le vice-président remercie M. Duhourcau de sa communication.

La séance est levée à 18 heures.

Le Secrétaire : F. DUHOURCAU.

Séance du 4 novembre 1918

PRÉSIDENCE DE M. GRIMARD, VICE-PRÉSIDENT

Présents : MM. H. Béhotéguy, G. Bergès, Diesse, Dours, Duhourcau, Lt Cl Duvot, Georges, Grimard, Ct de Marien, Ct Portalis, Roquebert.

Excusés : MM. Ct Baron, Ct de Cazes, Fossat, Salane.

Lecture du procès-verbal de la dernière séance.

PUBLICATIONS REÇUES. — Compte-rendu des séances du Conseil Général (Avril 1918). *Bulletin archéologique du Tarn-et-Garonne,* année 1917. *Bulletin archéologique des travaux historiques et scientifiques.* Année 1917. 2ᵉ livraison. — *Mémoires de la Société académique de l'Aube.* Année 1917. — *Le Rayon, le poilu St-Emilionnais* (août 1918) — *Francisque Habasque.* — *Bulletin de l'Union Historique et archéologique du Sud-Ouest.* (Juillet-Octobre 1918). — *Bolelin de la Comision de monumentos historicos y artisticos de Navarro* 2ᵉ et 3ᵉ trimestres 1918. — *Les Journaux du Trésor de Charles IV et Bleel,* par J. Viard.

QUESTIONS DIVERSES. — Le Secrétaire fait part des décès de M. Raphael Fagalde et de Madame Veuve Personnaz. Il a écrit aux deux familles, qui l'en ont remercié, pour exprimer les condoléances et la sympathie des membres de la Société.

ELECTIONS. — Sont élus à l'unanimité :

MM. Denis ETCHEVERRY, artiste peintre, présenté par MM. G. Bergès et F. Duhourcau.

Martin LARRETCHE, présenté par MM. G. Bergès et A. Grimard.

Charles LESCA, présenté par MM. H. Lesca et F. Duhourcau.

COMMUNICATION. — Pour la séance, M. Maurice Dussarp qui poursuit ses études sur *le Labourd à la fin du XVIIIᵉ* siècle, avait envoyé deux mémoires très intéressants de M. le Camus de Néville, intendant de Pau à Bayonne, puis de Bordeaux, dans les dernières années de l'ancien régime. L'intendant engage son ministre à se défier des *assemblées provinciales,* bonnes, en principe, mais, en fait, sans racines profondes avec les provinces et contre lesquelles l'opposition est générale. Le Camus de Néville préconise alors un plan de réformes qui ramèneraient à la vie les anciens états, tout en les renouvelant. Il propose pour le Labourd, en particulier, un projet de réorganisation qui permettrait au pays de « se réformer lui-même » et de prospérer, en abolissart les abus. Enfin, il constitue une hiérarchie d'états dans la généralité de Pau et Bayonne. Trouvant les pays de sa juridiction trop fragmentés et sans liaisons, il propose d'organiser leurs états particuliers, de les fédérer ensuite en un corps d'Etat principal pour qu'ils, se concertent sur tous les intérêts communs. Sa généralité ou province pyrénéenne aurait compris des *états généraux de Navarre*, des *états généraux de Béarn et Bigorre*, *des états généraux d'Aquitaine*. Le Conseil du Roi approuva ces plans, mais ne sut pas les réaliser. Les Etats Généraux et la Constituante, allant contre les vœux et les mandats de leurs commettants, établirent une autre constitution administrative hostile aux privilèges et à l'esprit des provinces. Si l'intendant de Pau et Bayonne revenait de nos jours, il trouverait ses idées assez actuelles; sans doute serait-il régionaliste et partisan d'une région pyrénéenne.

Le Secrétaire : F. DUHOURCAU.

Séance du Lundi 9 *Décembre* 1918

PRÉSIDENCE DE M. LE COMMANDANT DE MARIEN, Vice-président

Assistaient à la séance :

MM. Grimard, Joachim Labrouche, de Castelnau d'Essenault, (Colonel Marquis), Commandant Le Barillier, Casedevant, Commandant de Cazes, Colas, Salane, Pierre Louis, Godinet, D. Anatol, Paul Labrouche, Le Beuf.

Excusés, MM. Pierre Roquebert, Capitaine Duhourcau, Docteur Voulgre, commandant Bois-Viel, Fossat, Formey de Saint-Louvent, Docteur Dutournier.

M. le Vice-Président Grimard donne lecture du Procès-Verbal de la dernière séance. Il est adopté sans observation.

CORRESPONDANCE : M. le Docteur Dutournier, membre titulaire, excusé, a écrit la lettre suivante au Président, qui en donne lecture.

Bayonne, 8 Décembre 1918.

Monsieur le Président,

En rentrant ces jours ci de la campagne et pouvant enfin, grâce à l'amélioration de ma santé, faire — après plus de 3 ans — le tour de notre bonne ville, j'ai eu la surprise de découvrir un Bayonne de guerre, énormément pittoresque, dont le spectacle m'a paru d'autant plus délectable qu'on le peut considérer désormais avec l'œil clair du vainqueur. Je fais allusion surtout aux aspects exotiques que revêtent nos places, nos rues et nos alentours immédiats, avec leurs divers uniformes étrangers, les attelages singuliers, les attroupements si bizarres d'émigrants, surtout Portugais, affublés de leurs manteaux-soutanes et de leurs paquets multiformes et multicolores, etc., etc.

Et puis il y a le camp Saint-Léon, récemment appelé camp du Président Wilson, grouillant d'une vie américaine qui évoque les mœurs des Pampas ; il y a aussi la Poudrerie, et il y a eu jusqu'à des enterrements chinois. Et que dire de notre port dont la physionomie présente un caractère étrange quand sont réunis des navires camouflés de bariolages extravagants et des bateaux de guerre aux types les plus divers, que survolent parfois des hydravions...

A-t-on fixé par la photographie ces vues de Bayonne pendant la grande guerre ? Si non, il serait très urgent de prendre des mesures avant qu'il soit trop tard pour perpétuer ces souvenirs, un peu pour nos contemporains, mais surtout pour la Postérité qui restera passionément curieuse de cette époque prodigieuse. Il faudrait en créer un album, peut être à l'instigation de nos édiles, pour être placé aux Archives municipales, où les Ducéré de l'avenir puiseront de quoi instruire et intéresser les Bayonnais de leur époque.

Ne pouvant me rendre à vos séances, je vous serai très obligé, M. le Président, de bien vouloir soumettre cette idée — si vous le jugez digne de considération à nos collègues de la Société, qui pourront soit intervenir auprès des autorités municipales, soit adopter tel autre procédé qui leur paraîtra le meilleur pour arriver à ces fins.

Veuillez agréer...   Dr DUTOURNIER.

Le Président propose d'écrire à ce sujet à la municipalité de Bayonne. Il a paru du reste au *Journal Officiel*, une instruction Ministérielle sur la documentation locale à constituer pendant la grande guerre.

Adopté à l'unanimité.

PUBLICATIONS REÇUES :

De la Société Bayonnaise d'Etudes Régionales :

1º *Catalogue des plantes de la région Bayonnaise*, par MM, Ancibure et Prestat.

C'est un travail considérable et qui rendra service aux botanistes érudits. Le défaut de figures rend les recherches et identifications difficiles aux non initiés.

2º *Bulletin trimestriel de la Société Bayonnaise d'Etudes Régionales*. Fascicule 1 et 2 de 1918.

Le Président donne lecture du passage du Compte-rendu annuel du secrétaire Général relatif à la démarche faite par des membres de la Société en vue d'un rapprochement avec la Société des Sciences,

Lettres et Arts de Bayonne et propose de passer à l'ordre du jour.

Adopté à l'unanimité.

Le Président fait connaître que le secrétariat de la Mairie de Bayonne a aimablement proposé, en vue du prêt de la salle des adjudications de la Mairie pour la tenue des séances, au lieu d'une demande écrite renouvelée chaque fois, d'un envoi du bulletin de convocation fixant le jour et l'heure de la séance.

Présentation de nouveaux membres :

M. Maisonnave, directeur Honoraire des Douanes, présenté par M. le Commandant de Marien et M. Pierre Roquebert.

M. B. de Vergès (villa de Vergès, Biarritz), présenté par M. le Commandant Boisviel et le Capitaine Duhourcau.

Il sera statué sur ces candidatures à la prochaine séance.

Le commandant de Marien fait une communication sur deux plates tombes et une épitaphe françaises.

Ces monuments qu'il a eu l'occasion d'étudier et de dessiner pendant son séjour au front en 1916, en Argonne, à La Chalade, sont de la fin du XIIIe siècle et du XIVe siècle.

Ils lui ont offert l'occasion d'exposer l'état actuel des connaissances sur ces monuments funéraires si nombreux dans l'ancienne France et dont bien peu malheureusement subsistent encore; de présenter un aperçu sur la région si pittoresque de l'Argonne pendant la guerre; enfin de donner un résumé de l'histoire du prieuré cistercien de la Chalade.

La séance est levée à 18 heures 30.

Le Président : de Marien.

LISTE DES MEMBRES DE LA SOCIÉTÉ
au 31 Décembre 1918

Présidente d'Honneur

Mme LA GÉNÉRALE DERRÉCAGAIX.

Présidents d'Honneur

MM.

LÉON BONNAT, membre de l'Institut.
JOSEPH GARAT, député, maire de Bayonne.
S. GR. MGR GIEURE, évêque de Bayonne, Lescar et Oloron.
LUCIEN LE BEUF, fondateur de la Société en 1873.
JULIEN VINSON, professeur de langues orientales à Paris, fondateur de la Société en 1873.

Membres du Bureau

MM.

X.   *président.*
DE MARIEN (de Hoym), *vice-président.*
A. GRIMARD, *vice-président.*
F. DUHOURCAU, *secrétaire général.*
X.   *secrétaire archiviste.*
H. SALANE, *trésorier.*

Membres Titulaires

MM.

1918 ANATOL, Dominique, Inspecteur Principal des Douanes en retraite, Anglet-St-Jean, villa Tanit.
1914 ANATOL, Michel, Capitaine au long Cours, 51, rue d'Espagne, Bayonne.
1918 ANDURAIN, Pierre (d'), 25, rue Victor Hugo, Bayonne.
1913 ARCANGUES, Nicolas (d') château de Miots, Villefranque.
1914 ARCANGUES, (Marquis Pierre d'), château d'Arcangues.
1917 ARTÉON, Henri, bijoutier, 11, rue Gambetta.

1913 BADIE, employé de commerce, 24, rue Victor Hugo.
1915 BARON, Commandant, Pessans, quartier Saint-Etienne.
1917 BARTHES, Alice (Mlle), allées Paulmy.
1917 BARTHES, Léon, ancien inspecteur des Chemins de fer du Midi, allées Paulmy.
1917 BARTHES, Louis (Mme), Allées Paulmy.
1917 BAUBY, Léopold, publiciste, Orthez.
1911 BÉGUET, Philippe, directeur du Crédit Lyonnais, Bayonne.
1918 BÉHOTÉGUY, Henry, 50, rue des Basques.
1918 BERGÈS (Mme Georges) 28, quai Galuperie.
1917 BERGÈS, Georges, artiste peintre, 28, quai Galuperie.
1917 BERGEY, (l'abbé), D. M., aumônier militaire, 36e Division d'infanterie, S. P. 6.
1918 BJORKEGREN, Axel, 8, rue Vainsot.
1917 BLAISE, Charles, notaire, Place Pordelanne, Biarritz.
1912 BLAZY, (l'abbé), aumônier du Lycée, Bayonne.
1917 BODIOU, Louis, Prote d'imprimerie.
1917 BOIS-VIEL, (Commandant) villa Molinié, Allées Marines.
1916 BONAND, (de) villa Argizagita, Biarritz.
1893 BONNAT, Léon, membre de l'Institut, 42, rue Bassano, Paris.
1917 BROUSSAIN, (Dr), maire d'Hasparren.
1917 BURDETT-MASSON (Mme), château Larrondouette.
1917 BURET, (commandant), 24, rue Lormand.
1917 CAMET, J.-B., entrepreneur, 3, rue Pontriques.
1911 CANGUILHEM, capitaine en retraite, 23, rue Vieille Boucherie.
1912 CASEDEVANT, Edouard, 5, rue de la Monnaie.
1914 CASTELNAU D'ESSENAULT (de) Marquis, château Bordas Sainte-Marie-de-Gosse.
1917 CASTILLA, Léon, 30, avenue Victor Hugo, Biarritz.
1917 CAZALIS, Joseph, architecte, 20, rue des Basques.
1918 CAZALIS, Vincent, 3, rue Victor Hugo.
1918 CAZES, (Raymond de) 4, allées Boufflers.
1917 CELHAY, (J. P.,) courtier maritime, 10, rue Vainsot.
1892 CÉNOZ, François, négociant, allées Paulmy.
1918 CHARPENTIER, Léon, Bayonne.
1879 CHEVILLION, (Dr), 1, rue Jacques Laffitte.
1917 CHORIBIT, Joseph, avocat, 4, rue Lormand.
1918 CLÉRISSE, Maxime, 25, rue Victor Hugo.
1911 COLAS, Louis, professeur au Lycée de Bayonne.
1902 COMBES, Arnaud, agent d'Assurances, 2, rue Vainsot.
1918 COURTIGNON, Georges, villa Neretzal, quartier Lachepaillet.
1910 CROIZIER (Marquis de) à Joandin, quartier St-Etienne.

1911 DARANATZ, chanoine, secrétaire particulier de l'Evêché.
1917 DARRIEUX, Fernand, Industriel, 3, rue du Trinquet.
1911 DARRIEUX, Henri, Vice Consul de Russie, 3, rue du Trinquet.
1911 DARRIGRAND, Jean, avoué, 1, rue Jacques-Laffitte.
1912 DELAY (Dr), 17, rue Victor Hugo.
1912 DELMAS, André, avocat, 8. rue Jacques Laffitte.
1917 DELRIEU, percepteur honoraire, St-Jean-de-Luz.
1916 DERRECAGAIX, (Mme la Générale), villa Lesquerdo, Anglet.
1918 DESCANDE, (Mme A.) chalet Mireille, Biarritz.
1902 DESCANDE, Armand,   do   do
1911 DESTANDAU, président du Tribunal Civil de Bayonne.
1911 DESTREMAU, directeur de la Société Générale, Bayonne.
1911 DÉTROYAT, Emile, agent d'Assurances, 14, rue Thiers.
1913 DIESSE, Alexandre, château de St-Martin, Larressore.
1918 DIHARCE, Camille, joaillier, 3, rue Argenterie.
1918 DIOLÉ, (Mme Fernand) Quintaü, Anglet.
1892 DOLHATS, Négociant, quai de Mousserolles.
1893 DOURS, Louis, agent d'assurances, 3, place du Château-
       Vieux.
1911 DUBARAT, chanoine, archiprêtre de St-Martin de Pau.
1879 DUCAZAU, Ingénieur civil, 1. rue Thiers.
1917 DUFAU DE MALUQUER, (A. de), ancien magistrat, villa Fon-
       tana, Bizanos.
1912 DUHALDE, (Mlle) 8, rue Port-Neuf.
1911 DUHOURCAU, François, (Capitaine), 1, rue Thiers.
1917 DUMONT, Georges, administrateur de la Croix-Rouge, Biar-
       ritz.
1894 DUMONTEL, banquier, 4, place de la Liberté.
1917 DUSSARP, Maurice, publiciste, 31, rue du Rocher, Paris.
1911 DUTOURNIER, Dr Adrien, 3, place du Réduit.
1917 DUVERDIER, Albert, courtier maritime, 7, rue Thiers.
1911 DUVERDIER, Alfred, Villa Biarnès, St-Léon.
1897 DUVERDIER, Jules, villa La Bordasse, à St-Léon.
1917 DUVOT, lieutenant-colonel, villa Régis, St-Léon.
1912 ELISSEIRY, Paul, négociant rue Guilhamin.
1912 ETCHATS, conseiller d'Arrondissement, Beyrie.
1917 ETCHEBER, (l'abbé), aumônier militaire au 49e d'infanterie.
       S. P. no 6.
1918 ETCHEVERRY, Denis, 170, faubourg St-Honoré, Paris.
1918 FAUCONNIER, sous-préfet, Bayonne.
1917 FEUILLET, commandant, R. Octave, château de la Roque,
       à Ondres (Landes).

1911 FOLTZER, imprimeur, 9, rue Jacques Laffitte.
1918 FOREL, Louis, chef de Gare, Bayonne.
1917 FORGEOT, Auguste-Jules, capitaine, château Mirambeau, Anglet.
1918 FORSANS, P. sénateur, maire de Biarritz.
1914 FORT, Ernest, inspecteur de la bibliothèque municipale.
1918 FOSSAT, Léon, Directeur des Douanes, Bayonne.
1917 FOURCADE, Joseph, villa Lauga, St-Léon.
1917 FOURGASSIÉ, Georges, 25, quai Claude Bernard, Lyon.
1908 FOY (Mme Ed.), villa Grand'Vigne, Bayonne.
1912 FROIS, André, banquier, 9, rue Thiers.
1885 GABARRA (l'abbé), curé de Capbreton.
1900 GARAT, Joseph, député, maire de Bayonne.
1902 GARAY (l'abbé), curé de St-Charles, Biarritz.
1911 GARCIA-MANSILLA, consul de la République Argentine, château d'Amade.
1917 GARCIA DE YSLA, J. M., 10, rue Vainsot.
1918 GARNIER, Louis, Proviseur du Lycée, Bayonne.
•1917 GARRELON, H., procureur de la République, Orthez.
1885 GENTINNE, Jules, boulanger, 23, rue Port-Neuf.
1914 GEORGES, (Mme), Lahonce.
1914 GEORGES, directeur honoraire de la Banque de France, Lahonce.
1918 GIEURE, (S. G^r Mgr), évêque de Bayonne, Lescar et Oloron.
1917 GILLET, (Mme Edouard), 201, rue Lecourbe, Paris.
1902 GOALARD, pilote-major de la Barre.
1918 GODIN (Mme), directrice de l'Ecole supérieure des filles, Bayonne.
1917 GODINET, Marie-Carolus, receveur principal des Douanes, 2, rue Frédéric Bastiat.
1911 GOMBAULT, inspecteur principal des Douanes.
1917 GOMEZ, Benjamin, architecte, 5, Boulevard Alsace-Lorraine.
1886 GOMMÈS, Armand, banquier, 9, rue Thiers.
1917 GRANDRY (Mme René de), château Gaillat, St-Léon.
1911 GRIMARD, André, contrôleur des douanes, 34, rue des Basques.
1893 GUICHENNÉ, Léon, député, 26, rue Thiers.
1911 HÉRELLE, Georges, professeur honoraire de l'Université, 23, rue Vieille-Boucherie.
1917 HERRAULT, Jules, Auguste, villa La Feuillée, Beyris.
1917 HEULZ (Dr) villa Lesterlocq, Anglet.
1889 HIRIART, Pierre (de) château de Saubis, Tarnos.

1917 JAULERRY, Joseph, 5, avenue Victor-Hugo, Biarritz.
1917 JAULERRY, (Mlle), Biarritz.
1917 JAURGAIN, (Jean de), villa Derrey, Ciboure.
1917 JÉROME, Henri, libraire, 2 place du Réduit.
1912 JUNCAR, Maurice, tapissier, 41, Port-Neuf.
1917 KRAJEWSKI, Marceli, artiste peintre, 14, rue Thiers.
1917 LABASTIE, Henri, négociant, 2, place du Réduit.
1918 LABAT, (commandant), à la Citadelle, Bayonne.
1916 LABORDE-NOGUEZ (Gaston de) château de Haïtze, Ustaritz.
1917 LABROUCHE, Joachim, avocat, 3, place du Réduit.
1917 LABROUCHE, (Mme Maurice), château de Castillon, Tarnos.
1917 LABROUCHE Maurice, château de Castillon, Tarnos.
1910 LABROUCHE , Paul, Lahubiague, Saint-Léon.
1902 LACOMBE, Alfred, adjoint au Maire, 7, rue de la Monnaie.
1911 LAFONT, Pierre, 4, place de la Liberté.
1918 LAFFONTAN, Georges, villa le Puissé, St-Pierre d'Irube.
1918 LAGELOUZE (Mme E.) villa St-Forcet, Marracq.
1913 LAGROLET, Charles, ingénieur, 3, allées Boufflers.
1917 LAGROLET, Eugène, négociant, 3, allées Boufflers.
1912 LAMBLIN, (l'abbé), aumônier des Forges de l'Adour.
1914 LANDOUSSY, (l'abbé) professeur de langues vivantes, place
        Notre-Dame.
1918 LARRE, (l'abbé Gaston), curé de Ste-Eugénie, Biarritz.
1918 LARRETCHE, Martin, ingénieur, 3, rue Victor-Hugo.
1892 LARRIBIÈRE, Nicolas, négociant, 23, rue Bourgneuf.
1915 LARRIEU, Amédée, rédacteur en chef du Courrier de Ba-
        yonne.
1911 LARRIEU, Jean, Entrepreneur, 22, rue Pannecau.
1918 LARRIEU, Philippe, (l'abbé), 42, rue d'Espagne.
1917 LASSERRE, Albert, négociant, 5, allées Boufflers.
1913 LASSERRE, chanoine, secrétaire général de l'Evêché.
1912 LASSERRE, Georges, (Dr), 3, place du Réduit.
1913 LASTRADE, Henri, entrepreneur de Peinture, 17, rue de Luc.
1902 LAXAGUE, Isidore, avocat, 30, rue de la Salie.
1911 LAXAGUE, Jean, avocat, villa Pia.
1918 LE BARILLIER, Albert, maire d'Anglet.
1918 LEBAS (Mme Arthur), 11, rue Bourg-Neuf.
1873 LE BEUF, Lucien, 4, place de la Liberté.
1912 LEFÈVRE-PAUL, avocat.
1915 LÉON-DUFOUR, Eugène, à St-Sever.
1915 LE ROY, Pierre, directeur de l'Agence Worms, 11, rue
        Jacques-Laffitte.
1918 LESCA, Charles, 84, boulevard de Courcelles, Paris.

1917 LESCA, Jacques, Hippolyte, 84, boulevard de Courcelles, Paris.

1903 LÉVY, Maurice, bibliothécaire de la Sorbonne, rue de la Santé, Paris.

1911 LÉZIS, pharmacien, 5, rue Pannecau.

1913 LICHTENBERGER, André, 201, boulevard Péreire, Paris.

1878 LOUIS, Pierre, architecte, rue Peyroloubil, Biarritz.

1917 MAGNIN, Charles, directeur des Forges de l'Adour, Boucau.

1918 MAISONNAVE, directeur honoraire des douanes, 33, rue Victor Hugo.

1918 MANINGUE, (Mme), 8, allées Boufflers.

1912 DE MARIEN (Hoym de), commandant, 11, rue Jacques-Laffitte.

1917 MARTIN, Maurice, villa Félix, Bayonne.

1911 MARTY, juge au Tribunal de la Seine, Paris.

1917 MENDY, Pierre, 1, rue Thiers.

1918 MESNIL (Henri du), receveur pridcipal des Douanes, 2, allées Boufflers.

1918 MOLINIÉ-LÉGLISE, (Mme) 22, rue Lormand.

1910 MONCOQ, (lieutenant-colonel), St-Pierre d'Irube.

1912 MOYNAC, (Dr), 42, rue des Basques.

1913 NOGARET, inspecteur des Chemins de fer du Midi, 2, allées Boufflers.

1912 ORILLARD, Paul, architecte, 9, rue de la Monnaie.

1918 OYARZUN, Carlito, Petit Paradis, St-Léon.

1918 PAGÈS-LEBAS (Mme), 11, rue Bourg-Neuf.

1911 PENNES, Henri, vétérinaire, Bayonne.

1913 PERSONNAZ, André, avoué, place du Réduit.

1917 PERSONNAZ, (Mme Antonin), Beyris, route de Biarritz.

1917 PERSONNAZ, Antonin, Beyris, route de Biarritz.

1918 PETIT, Carlos, notaire à St-Jean-de-Luz.

1918 PETIT-DUCOURAU (Mme) St-Jean-de-Luz.

1917 PORTALIS (commandant) Avenue Serrano, Biarritz.

1918 POUZAC (Mlle) 7, allées Boufflers.

1912 POYDENOT, Raymond, président du Tribunal de Commerce, Bayonne.

1917 PUYAN, Ferdinand, président de la Croix-Rouge, Dax.

1918 RESSÉGUIER (colonel A. de), 8, rue Lormand.

1913 ROCH, (commandant), villa Boudigau, Saint-Léon.

1912 ROHMER, Régis, archiviste de la Lozère, Mende.

1918 ROQUEBERT (Mlle Louise) 2, rue Port de Castets.

1911 ROQUEBERT, Pierre, 2, rue Port de Castets.

1917 ROSNY, J. H. jeune, de l'Académie Goncourt, Soorts-Hossegor; Landes.
1917 ROTH, Gaston, 2, rue Jacques Laffitte.
1912 ROUSTAN (colonel), villa Meryem, Ciboure.
1917 SABARROS, G., consul du Pérou, 10, rue Thiers.
1912 SAINT-LOUVENT (Formey de), directeur honoraire de la Banque de France, 3, allées Boufflers.
1912 SAINT-PÉ, Louis, négociant, 2, place des Victoires.
1892 SALANE, Henry, relieur, 21, rue de Luc.
1894 SALZEDO, Aaron, consul, rue Bergeret.
1917 SARRADE, Joseph, 1, rue Thiers.
1911 SENS, Louis, 8, rue Jacques Laffitte.
1918 SERVAL, César, Chalet Margot, Saint-Léon.
1892 SODES, E., graveur, 11, rue Port de Castels.
1913 SOULANGE-BODIN, ministre plénipotentiaire, Le Bosquet, Arcangues.
1911 TESSIER, (Dr), villa Ketty, rue Gambetta, Biarritz.
1917 THOMASSET, G. Caissier de la Caisse d'Epargne, 5, rue de la Monnaie.
1912 VÉQUY (de) entrepreneur de peinture, 3, rue de l'Ecole.
1918 VERGÈS (de), villa Vergès, Biarritz.
1873 VINSON, Julien, professeur de Langues orientales, 86, rue de l'Université, Paris.
1917 VOULGRE, (Dr), villa Toki-Ona, Saint-Léon.
1895 WEILLER, avoué, 28, rue Lormand.
1917 YBARNÉGARAY, Jean, député, Uhart-Cize.

Abonnés

Bibliothèque Municipale de Pau.
Cercle Militaire de Bayonne.
Chambre de Commerce de Bayonne. (2 ab.)
Librairie Nilsson (Ancienne), à Paris, (2 ab).
Hispanic Society Building, New-York.

IMPR. FOLTZER. — BAYONNE

Soldats héroïques des régiments de Bayonne

Le lieutenant Roger Le Barillier [1]

Parmi les douleurs infinies de la guerre, il en est une qui me paraît insupportable : l'anéantissement des héros. Des Français, la fleur de l'humanité, meurent par milliers, dont sera toujours ignorée la fin valeureuse, je veux dire les sentiments sublimes qui les animèrent à leurs derniers moments. Les uns, parce qu'ils seront tombés sans compagnons dans ce tragique terrain, entre les lignes, où il n'y a personne, sinon des agonisants et des morts, les autres — tels la plupart de nos magnifiques paysans — parce qu'ils seront restés jusqu'au bout de grands silencieux. Que d'âme perdue en même temps que le beau sang de la race ! Il semble qu'un injuste destin nous vole la plus douce consolation et la plus sûre des forces morales.

Aussi, est-ce un grave plaisir que de pouvoir retrouver, dans les témoignages de leurs frères d'armes ou dans les billets qu'ils ont écrits entre les combats, l'esprit qui a soutenu, au milieu des fatigues, de la misère, des périls et jusque dans la mort, les plus vaillants de nos compatriotes ou de nos amis. Parmi ces morts qui ont vaincu le néant et nous parlent encore en est-il qui fassent entendre voix aussi émouvante et proposent aussi haut exemple que le lieutenant Roger le Barillier ? Je l'ai connu et j'ai fait causer sur lui ses camarades. Enfin, sa famille a bien voulu, sur ma demande, me communiquer ses lettres. Tout ce qu'ainsi

----

(1) Séance du 1er juillet 1918.

j'ai su m'a émerveillé. Des héros comme ce jeune homme honorent leur foyer et leur régiment, et leur pays aussi. Ils rendent sensible le degré de charme et de vertu que peut atteindre le type français ; ils attestent la valeur de notre civilisation gallo-latine et catholique ; ils consacrent les droits de leur patrie à la vie, à la puissance et à la primauté.

Il avait une physionomie malicieuse et gentille que j'aimais. Les émotions et les épreuves de la guerre, en aggravant son regard, avaient achevé de donner à son visage une prenante expression. Il était modeste, timide même ; certains le disaient sauvage : il n'avait que la pudeur de révéler ses sentiments. Un peu à l'écart du tourbillon bruyant du monde, il cultivait son jardin. Il arriva à masquer son cœur, même à ses amis, sous de l'ironie et de la blague. La sensibilité vive et profonde qu'il préservait de l'indiscrétion jaillit dans ses lettres, comme dans les actes et les propos de sa vie de guerre.

C'est d'abord pour les siens que son cœur bat : il aime les associer à sa pénible tâche. C'est eux, c'est la chère maison qu'il défend contre le Barbare. Quand il a un moment pour rêver, c'est vers le logis de son enfance et de sa jeunesse que sa pensée s'échappe. Entend-il le canon gronder dans le secteur voisin du sien où il sait que se trouve son père, il s'inquiète, tremble et ne se calme que le silence rétabli. Il n'a pas de plus constant souci que de prouver à sa mère qu'ils ne sont pas si éloignés l'un de l'autre. Il précise les liens spirituels qui les unissent. Les mères combattent avec leurs enfants ; elles contribuent à la victoire par leur patience et leur ténacité. Puis, n'est-on pas rassemblé dans la même pensée du devoir à accomplir et dans la même foi religieuse ? Rien ne rapproche comme la prière. « Les soirs de ces jours d'enfer — écrit-il en rappelant les durs combats — je pensais en me retrouvant encore vivant : *on devait bien prier pour moi, là-bas !* »

Son « là-bas », c'est aussi le village et les horizons du pays auxquels il doit une douce image de l'univers. Il est heureux de retrouver sur les plateaux de l'Aisne des aspects qui lui rappellent la campagne basque. Le paysage veut ainsi — dit-il, « se faire davantage aimer de ceux qui le défendent ». Il aime parler d'Anglet avec ses camarades de section, dans sa cagna qu'il a appelée *lou Mailloun* « nom énigmatique pour plusieurs, mais qui contient pour nous tant de lointain si cher ».

Et ces soldats, ces « pays » avec lesquels il vit, comme il les aime et prend soin d'eux ! Au cours du long voyage vers la frontière, on le voit, jeune sergent, appliqué à leur fournir de belles raisons de faire la guerre : il leur montre les beautés de la France. Quand il sera officier, il choisira son abri au milieu d'eux, sans se soucier que ce soit le meilleur. « Aux tranchées, je ne veux pas être mieux logé qu'eux; je ne dois pas être plus à l'abri qu'eux ».

S'il surveille avec zèle les travaux de son secteur, c'est surtout parce qu'ils « servent à protéger les hommes ». Je sais qu'il donnait beaucoup de son argent pour instituer dans sa compagnie des prix de tir, de lancement de grenades, etc... Et je me doute qu'il dut secourir maintes fois ceux de ses poilus qui étaient dans la gêne. Mais, écoutez ce beau cri d'amitié. Le médecin l'oblige à rester au cantonnement tandis que ses hommes montent aux tranchées. Il les voit partir avec chagrin. « Heureusement que c'est calme ! — écrit-il. Je leur ai recommandé de revenir tous, mais combien peut-être en manquera-t-il au retour? et ceux-là, je ne les aurai pas vus tomber, et les blessés je ne les aurai pas soignés ! » Ah ! le jeune et gentil chef ! Sa nature était « pleine du lait de la tendresse humaine ». Il n'aimait pas dire les horreurs du champ de bataille. Un jour cependant, il me confia ceci : « Le plus affreux de mes souvenirs, c'est la plainte des blessés écroulés dans le boyau de la Caillette que, la nuit, montant en ligne on piétinait, écrasait et enterrait peu à peu. Cette plainte, je l'entendrai toujours ». Plus que ses souffrances ou ses dangers, c'est le martyre des autres qui l'avait impressionné. Il était dans son commandement ferme et cordial. Ils savait qu'un officier ne possède une autorité complète que s'il a conquis le cœur de ses hommes. Ce sont des chefs comme il était qui assurent dans une aussi longue épreuve la solidité de la troupe et le salut de la France.

La France, c'était sa grande passion.

Le 8 août 1914, il ose écrire aux siens : « Je songe à vous que j'aime tant et à tout ce que j'aime et que j'abandonne de grand cœur pour notre belle patrie ».

La France, il l'appelle « une terre promise d'autant plus désirable que nous la connaissons ». Il l'aime dans sa beauté physique, « un paysage, un coucher de soleil, un bel orage ». Combien il dut souffrir de voir les coups de l'ennemi défigurer nos délicates campagnes françaises ! Mais sa prédiléction va, semble-t-il, aux œuvres d'art, aux monuments, à tous les grands souvenirs qui spiritualisent le visage de sa patrie : les châteaux de la Loire, les musées de Paris, Notre-Dame où je le vois rêvant et priant dans le transept, sous la bénédiction de lumière qui descend des belles roses, Saint-Etienne-du-Mont, bijou de notre Renaissance, reliquaire ciselé qui, entre le Panthéon et la Sorbonne, garde les cendres de Sainte Geneviève, de Pascal et de Racine. Voilà qui enchantait un patriote et un lettré comme lui. Il analyse la fureur qu'il apporta à la bataille de la Marne : c'était pour vaincre le Boche assurément, mais beaucoup pour sauver Paris. Cette ville exquise, unique, il ne craint pas de la chérir jusque dans ses chiffons et futilités : il est un peu parisien comme tout Français raffiné. Il se soucie « de la forme de la dernière robe, du sujet de la dernière pièce » ; il se réjouit du « petit air militaire, bien français qu'ont arboré si crânement les femmes et de savoir que nos artistes, nos écrivains ont toujours du talent et de l'esprit et combattent à leur façon, fort joliment ma foi ! contre l'ennemi brutal et sot ! »

Dans ces dernières lignes il révèle ce qui constitue pour lui le charme sans pareil de nos traditions nationales : la noblesse et la grâce du langage de France. Il a laissé des essais littéraires. Je ne les connais pas. Sont-ils perdus? En tout cas, nous avons ses lettres. Elles sont d'un style alerte, chantant et qui monte haut, sans en avoir l'air, comme l'alouette. Ce style, c'est son âme même. Quand il était dans sa cagna, me disent ses camarades, on était sûr qu'il lisait. Il cite dans ses billets Montaigne, La Fontaine, Richepin, de Bornier, Verlaine... Qui saura dire quels compagnons furent les livres durant l'ennui de la vie des tranchées? A combien de combattants ont-ils permis l'oubli de leur misère? Je sais un sous-lieutenant du 49e que son chef vit lisant Musset sous un dur bombardement. Il devait être tué quelques jours après. Peut-être cet héroïque garçon se hâtait-il, avant de disparaître dans sa fraîche jeunesse, de prendre l'idée des plus forts enchantements de la vie. Roger Le Barillier certes ne devait pas négliger Musset; mais son écrivain préféré était Angellier, le plus noble de nos élégiaques et le plus mâle de nos poètes civiques contemporains. Ainsi, appellait-il à lui les purs sentiments et les grandes pensées pour s'encourager au sacrifice. Il voulait avoir l'âme remplie de la plus belle France. Quand il s'abat pour mourir sur le sol du pays qu'il a reconquis, ne le voyez-vous pas serrant sur son cœur l'image de sa patrie, pareil à ce jeune martyr chrétien qui, de toute sa force défaillante, refermait les bras sur l'hostie précieuse qu'il portait ? Il ne voulait penser qu'à la France; jamais à lui-même. Visitant avec son père l'église de Maizy, il remarquait des demandes que les soldats avaient crayonnées sur la muraille, près de l'autel de la Vierge : *protégez-moi, sauvez-moi*. « Tous ces braves gens — disait-il — implorent le ciel pour eux, et je ne les en blâme pas. Mais aucun ne songe à demander : *protégez la France, sauvez la France !* »

Sa sensibilité n'est pas toujours aussi grave. La caractéristique de sa nature, c'est d'harmoniser toutes les nuances. Il a pour sa mère des gentillesses d'enfant. Il sait trouver du gui pour le lui envoyer, à la Noël, puisque c'est «un porte-bonheur ». Le 1er Mai, il songe aux rues de Paris fleuries de muguet. Du muguet, au front, il n'y en a pas. Mais il trouve des pensées sauvages qui ont poussé sur le talus de sa tranchée et les envoie à sa mère. « Elles sont toutes petites — écrit-il — et semblent avoir eu peur de se montrer sous les balles ». Nulle sensiblerie, d'ailleurs. Il est tonique et n'aime pas la langueur ni le gémissement romantiques. Il allait toujours à la raison et au courage. Se plaignait-on devant lui de ce que les permissions fussent courtes, il répliquait : « C'est très bien ainsi. On n'a pas le temps de se rattacher trop à ce qu'on doit laisser ». Il est souvent même plein d'humour. Il blague — oh ! légèrement ! — il s'amuse, ironise sur les embusqués, sur le service de santé, parfois sur lui-même. Il né craint pas les jeux de mots et reconnaît que ce sont des à-peu-près réclamant l'indulgence. Je retiens ces deux-ci ; l'un teinté de mélancolie : « j'ai si souvent joué à la guerre que la guerre se jouera peut-être de moi » et cet autre, tout trempé de sentiment : « la grande chaîne des tranchées... qu'on appelle justement le front, puisque c'est là qu'on pense le plus à la France ». Son idée maîtresse, on le voit, ne le quitte jamais.

Sa sensibilité ne l'empêche pas non plus d'être lucide. Il se rend compte de tout le tragique de cette guerre et des difficultés de la victoire : le triomphe de nos armes ne sera qu'au terme d'un long et sanglant effort. Il ne supportait pas qu'on fît de trop faciles galéjades sur l'ennemi. On l'entendait calmer les plaisantins : « Ah ! les Boches — prononçait-il avec un sourire un peu triste — ils font bien la guerre... malheureusement pour nous ».

Aussi, il ne doutait pas qu'un combattant comme lui ne dût en venir, pour arracher la victoire, jusqu'à donner sa vie. Officier d'infanterie et décidé à demeurer jusqu'au bout avec ses compagnons d'arme, il se savait de la phalange des sacrifiés. Quel regard, quand on lui disait « au revoir » à la fin de chacune de ses permissions ! Avec quel air souriant et mélancolique il interrompait, quand on lui parlait d'avenir ! « Avant tout cela, il faudra traverser le plateau de Vauclerc ». Nous ne saisissons trop souvent de la guerre que le tragique extérieur : les plus sombres drames mais aussi les plus beaux se passent, j'en suis sûr, dans le cœur des fantassins. C'est là que se livre la bataille et qu'elle se gagne. Il avait le goût passionné de la vie, laquelle pour lui promettait d'être si douce. Un beau soir de septembre 1915, je le rencontrai sur la jetée déserte de Biárritz. C'était, je crois, sa première permission. Il venait de retrouver l'amitié de sa maison et du pays natal : on devinait le chagrin qu'il ressentirait à les quitter bientôt. Le crépuscule violaçait le déferlement des lames sur la plage ; la première étoile frémissait dans un ciel délicieux. Après avoir capté dans son regard la beauté de l'heure et des choses, il me dit — avec quel nostalgique accent, il m'en souvient — « Ah ! comme je voudrais revenir !» Il n'en écrit pas moins : « la mort n'est rien... » Dans ses lettres, cette pensée de la mort revient souvent, mais, quand il la formule, il n'appuie pas, en garçon bien élevé, pour ne point paraître poser à l'intéressant. Et c'est aussi pour ne pas désoler sa famille ou ses amis. On dirait qu'il tient seulement à rappeler la réalité possible à ceux qui l'aiment, pour que leur douleur ne s'accroisse pas de surprise, le jour fatal arrivé. Ainsi, il dit à une amie d'enfance : « à la fin de la guerre... ou de moi », et il passe. A sa mère il écrira discrètement : « Quoi qu'il arrive, tout sera pour le mieux, et aucun nuage ne devra ternir pour vous la belle victoire, n'est-ce pas, maman? »

Ce sacrifice de sa vie il l'accepte avec allégresse et simplicité. Parfois même, il l'appelle. Un mouvement d'amour le hausse jusqu'au sublime. «Notre cause — écrit-il à sa mère — est si belle, si pure, si noble que souffrir pour elle est une joie ». Se rendant à l'attaque où il devait succomber, il cause avec l'aumônier du régiment auquel il vient de se confesser. C'est de sa mort qu'il l'entretient. « Si je meurs en plein assaut et voyant fuir les Boches — lui dit-il — il ne faudra pas me plaindre : j'aurai eu la mort que je rêvais ». Dieu l'exauça le jour même. Toutefois, Roger Le Barillier avait souhaité de peiner pour la France jusqu'à la fin de la campagne. Dans une de ses lettres, en une pensée magnanime, il s'oppose au sentiment commun qui plaint surtout ceux-là qui tomberont dans les derniers combats. « Ce doit être terrible de sentir qu'on s'en va sans avoir fini son devoir. Heureux celui qui mourra à la fin de la dernière bataille, dans la dernière victoire, sachant que c'est terminé et que son rôle est joué complètement ».

Son âme devait monter plus haut encore.

«La mort sur le champ de bataille — avait-il écrit — est trop belle pour être triste » — et il ajoutait « mais nous seuls qui sommes ici le comprenons tout-à-fait. Aussi veut-il le faire comprendre à sa mère dans une lettre où il dépasse, selon moi, tout le sublime imaginable. Je ne sais rien dans notre histoire ou notre littérature qui soit plus noble et plus touchant. Ici un pur héroïsme se transfigure en sainteté. Cette lettre où il supplie que l'on demande que la vie de la France soit sauve et non la sienne est à écrire, en marge de l'Evangile, à la page où le Christ nous est montré enseignant à ses apôtres la manière de prier. Il faut la citer tout entière.

« 28 mars 1915.

« Ma chère maman,

« Je reçois vos cartes de Lourdes ; merci de vos bonnes prières, mais permettez-moi un petit reproche, oh ! un tout petit, car certainement vous ne le méritez pas autant que vous le paraissez.

« Vous demandez toujours à Dieu mon retour ; merci encore, car j'aime bien la vie avec tout ce qu'elle me donnera de joies familiales et autres, si je reviens ; mais avouons que mon retour est d'une bien mince importance.

« La victoire d'où jaillira la renaissance de notre France est autrement désirable, et aussi la fin rapide de cette atroce guerre pour mettre un terme aux souffrances du pays et à ses lourds sacrifices. Voilà qui est bien plus à souhaiter que le retour de tel ou tel soldat, fût-il le plus brave.

« Et si vous voulez vous unir complètement à mes prières — à ma façon de prier — vous demanderez pour moi (et vous verrez que je suis bien exigeant), vous demanderez

que ma mort, si elle est nécessaire à notre belle cause, me
serve d'expiation pour mes fautes passées.

« C'est à ces intentions et aux vôtres, que je communierai
le jour du Jeudi-Saint ; je crois qu'ainsi je remplirai mon
double devoir de soldat et de chrétien ».

Cette mort est venue le prendre en plein triomphe, le 5
mai 1917, vers 9 heures 15, tandis qu'avec les soldats du
18e corps il arrachait aux fantassins de la garde allemande
le plateau de Vauclerc. Je tiens de son capitaine adjudant-
major les détails de sa fin. En tête de la deuxième vague
d'assaut il venait de franchir, au pas de course, la deuxième ligne de tranchées ennemies. Un officier boche, sortant
alors d'un des abris, l'aperçoit et, à quelques pas de distan-
ce, lui tire une balle de revolver qui traverse la région du
cœur. Roger Le Barillier tombe ; un de ses agents de liai-
son qui courait avec lui s'arrête, s'approche, tandis que la
vague des nettoyeurs derrière eux venge la mort du chef en
tuant son meurtrier. « Ne t'occupe pas de moi — a la force de dire à son soldat l'héroïque officier — je suis perdu.
Rejoins tes camarades. Je vois que l'affaire va très bien. Je
meurs content ». Une seconde version, transmise par l'aumônier du régiment, ajoute à celle-ci que Roger Le Barillier eut le temps de donner une pensée à Dieu, à la France
et à sa famille qui furent son triple amour. La mort, en con-
sacrant son rêve, a couronné magnifiquement sa vie.

La nuit venue, son corps fut relevé, mis en bière, porté à
l'arrière ; ses hommes tenaient à lui rendre les derniers devoirs. Le 9 mai, à Maizy, il était inhumé avec les honneurs
militaires, accompagné par tous les officiers du régiment,
tous les soldats de sa compagnie, au milieu d'un chagrin
unanime. Son chef de corps, le colonel de France, exprima
devant sa tombe le sentiment général. Roger Le Barillier
gît près de cette église où il s'était étonné, un jour, que chacun priât pour soi au lieu de prier pour la France. A défaut
du champ de bataille où il aurait voulu — son testament

nous le dit — qu'on laissât son cadavre, il n'est pas de lieu plus digne de le garder momentanément.

Aujourd'hui, la terre qu'il avait reconquise et celle où il repose sont aux mains des Allemands. Je suis sûr que son âme n'en gémit pas. Il maintient la France au milieu des ennemis. Il sait que son esprit d'abnégation et sa volonté de vaincre animent ses compagnons d'armes survivants, toute l'armée et, derrière eux, tout le pays. Qu'importe le reflux de la bataille ! La France repassera sur son corps. Quand le repos définitif sera permis, même aux morts, il le prendra dans une patrie délivrée et triomphante. Je crois l'entendre qui jette à ses parents, à ses amis la fière pensée de foi et d'espérance qu'il exprimait, au départ pour la guerre, et qu'il faudra graver, un jour, sur la dalle de son tombeau : « La mort n'existe pas pour les vainqueurs ; les martyrs vivront éternellement, comme notre belle France victorieuse ».

Capitaine François DUHOURCAU
du 49e Régiment d'Infanterie.

Monsieur le Commandant et Madame Albert Le Barillier nous autorisent à donner aux membres de la Société ce florilège des lettres de leur fils. Qu'ils en soient ici remerciés, au nom de tous les lecteurs de ce bulletin auxquels les admirables pages suivantes vaudront la plus féconde émotion.

Cne *F. D.*

---

8 Août 1914.

A sa Mère.

Chère petite maman aimée,

Je vous écris du train après plus de 24 heures d'un voyage excellent ; ce voyage dont je craignais l'ennui s'est passé très gaiement ; les hommes plaisantent, chantent, mangent et dorment, et je songe à vous que j'aime tant, à papa, à Renée, et à tout ce que j'aime et que j'abandonne de grand cœur pour notre belle patrie.

Car elle est splendide cette noble France que nous avons retrouvée battant d'un cœur égal pendant tout le trajet. Partout, ce sont des saluts enthousiasmés, des chants, des victuailles, des fleurs que l'on nous apporte. Des fleurs ! déjà !.....

. . . .

La mort n'existe pas pour les vainqueurs, les martyrs vivront éternellement comme notre belle France victorieuse.

. . . .

Il n'y a plus dans tous ces pays que des femmes, des enfants, et des vieillards. Les femmes viennent aux arrêts nous offrir des « fleurs, des fruits et... des branches » de certaines ce sont même des baisers, et pour rien, pour un compliment, pour un merci, ou simplement parce qu'on est jeune, et qu'on va se battre avec... un sourire.

Tout cela est très xviiie siècle ; en allant piétiner le sang on devient talon rouge...

Les hommes de mon compartiment ont été émerveillés de la Touraine, et des quelques châteaux de la Loire que je connaissais et que je leur ai fait remarquer.

. . . .

Quels seront les noms en Ich et en dorf qui seront inscrits à notre drapeau déjà si glorieux?...

. . . .

Vous connaissez peut-être déjà les détails de notre départ de Bayonne. Ce fut très beau et encourageant......

Maman, ne craignez rien, ces hommes qui partent ainsi, dans un train pavoisé et sans cesse refleuri ne peuvent aller qu'à la victoire, — nous l'aurons.

P. S. — Dimanche 9. — Le voyage se termine, l'enthousiasme n'est pas fatigué, c'est splendide.

24 Septembre 1914.

A sa Mère.

Chère maman chérie,

Je profite d'un instant de repos pour vous écrire plus longuement que de coutume.

Depuis quelque temps nous n'avons guère de loisirs; ça barde terriblement, mais ça va bien. C'est l'essentiel, on leur flanque une pile, c'est dur. Nous nous sommes battus 6 jours sans interruption, repos le septième; combats terribles qui nous font dépasser nos records pourtant si attristants de Belgique et de nos batailles du début de ce mois; c'est horrible et splendide à la fois.

Après cette journée de repos nous avons recommencé pendant cinq jours, puis un autre régiment nous a relevés, et pour cause, nous ne sommes plus très nombreux.

Quant à moi, je vais bien, je me l'explique par vos prières sans cesse renouvelées, merci...

S'il nous est donné de raconter un jour, nous ne dirons pas tout, et pourtant on croira encore que nous exagérons.

Le moral, quand même, est toujours excellent, on reste très chic, on cueille volontiers une fleur entre deux charges à la baïonnette, on savoure des confitures sous les obus...

Tout cela me plaît infiniment.

Je vous embrasse, chère petite maman, longuement, tendrement, de tout mon cœur que je sens s'attendrir quand je pense trop au là-bas que j'aime; ce cœur qui redevient ensuite si dur quand, hélas! il le faut.

28 Septembre 1914.

A sa Mère

Ma chère maman,

Victoire! après dix jours de combats acharnés on les a chassés du formidable point d'appui qu'ils occupaient. Cela nous a coûté bien du monde, les compagnies de mon pauvre régiment ont bien souffert; hélas! que de camarades et d'amis perdus!

Je suis encore sain et sauf grâce à de multiples miracles.

Quel carnage, quel massacre, quel tumulte allant crescendo !

On croyait descendre chaque jour dans un cercle plus profond de l'enfer dantesque ; et dans cette fournaise, que de recoins emplis d'héroïsme, que d'actions sublimes ! chaque homme, du chef au plus simple troupier, a eu — ne serait-ce qu'un instant, — le cœur d'un héros, et cela très simplement, sans même qu'il s'en soit douté, le sourire parfois ou un lazzi aux lèvres ; je suis émerveillé, c'est sublime.

. . . .

Pour le moment, je suis suffisamment couvert, mais le froid va bientôt venir. Il faut se préparer comme si on devait vivre dans un mois, c'est drôle.

4 Octobre 1914.

A sa Mère

... Je suis habitué à cette nouvelle vie. On va au combat, comme on allait à l'exercice ; cela devient tout naturel.

24 Octobre 1914

A sa Mère.

... L'artillerie lourde nous massacre ; j'ai échappé encore par miracle. Pauvres camarades ! Priez, priez ; je prie moi-même ; je me suis confessé ; je suis prêt ; vive la France !

3 Octobre 1914.

A Mademoiselle X.

(Lettre écrite au crayon).

Ta gentille lettre reçue ce matin mérite une réponse ; je veux être davantage poli mes derniers jours, pour laisser à mes amis un bon souvenir de moi.

D'ailleurs, attarder ma réponse serait bien risquer ; car nous ne lâchons pas le contact, et nous nous battons presque constamment.

Nous préparons pour ce soir un combat de nuit, un de ces jolis combats où triomphe notre fine baïonnette, et je songe aux vers de Bornier.

> Maudit soit le premier soldat qui fut archer.
> C'était un lâche au fond, il n'osait approcher.

. . . .

Vous aussi, vous avez votre devoir à remplir courageusement ; soigner, prier, et attendre. Ce courage vaut bien le nôtre que l'on

2

èxagère. Je te l'assure, rien n'est plus facile que d'être brave ; il faut du moins le croire, puisque tout le monde l'est en France.

. . . .

. Ce doit être terrible de sentir qu'on s'en va sans avoir fini son devoir. Heureux celui qui mourra à la fin de la dernière bataille, dans la dernière victoire, sachant que c'est terminé, et que son rôle est joué ccomplètement.

24 Octobre 1914 (5 h. soir).

A sa Mère

Ma chère petite maman,

Nous avons un instant de repos, notre compagnie est en renfort derrière les trois autres du bataillon.

Nous sommes installés dans un bois de pins, et terrés dans des tranchées profondes et recouvertes. A la nuit nous sortirons un peu de nos trous pour nous dégourdir les jambes ; cette vie de taupe n'a rien de désagréable.

Je suis dans une petite cagna avec un autre sous-officier, le sympathique Laporte ; vous jugerez si nous sommes heureux de ce jour de repos. Nous parlons d'Anglet, de notre cher là-bas qui est si loin. Comme l'espoir de le revoir revient vite dès que nous sommes un peu abrités ; nous oublions que dehors gronde le gros orage, et qu'il faudra bientôt ressortir.

Nous avons aménagé notre chalet avec beaucoup de confort, c'est presque luxueux ; dans tous les cas, c'est pratique ; et nous avons invité Larrieu, notre voisin, à nous faire une visite. Notre « chalet » s'appelle bien entendu : « Lou Mailloun » ; et afin que nul n'en ignore, j'ai mis une pancarte à la porte avec ce nom énigmatique pour plusieurs, mais qui contient pour nous tant de lointain si cher.

Le chocolat de Bayonne aide au rapprochement, et vous écrire l'achève ; je suis bien près de vous en ce moment ; la rafale a cessé et, dans le soir qui tombe, le calme, un calme immense se fait comme pour permettre le recueillement dans la pensée et la prière, avant la grande nuit souvent si terrible pour nous.

Maman ! maman ! je suis heureux d'avoir fait, de faire cette campagne pour une belle cause, avec de braves camarades, en brave aussi, je l'espère, je le crois ; si je reviens, maman, comme je serai meilleur.

18 novembre 14

A sa Mère.

...J'ai passé mon enfance à jouer au soldat ; je continue, et c'est bien plus amusant quand c'est « pour de vrai »...

27 novembre 1914

A sa Mère.

. . . .

Il fait très-beau et pas froid ; un été de la St Martin un peu retardé ; c'est splendide dans ce beau pays...

Aujourd'hui je suis sur un plateau, et un petit village tassé dans le fond de la vallée semble un village de notre cher pays basque, quelque Ascain entre des contreforts pyrénéens.

D'ailleurs, ce pays a souvent des ressemblances avec le nôtre, et nous lui sommes reconnaissants de ses évocations ; c'est comme une coquetterie de sa part, il fait tout ce qu'il peut pour nous réjouir, nous faire rêver, et se faire davantage aimer de ceux qui le défendent.

8 décembre 1914.

A sa Mère.

Merci de vos prières toujours efficaces. Je prie, moi aussi de mon mieux, et aujourd'hui — fête de la Vierge — j'ai profité d'un instant de repos pour aller faire une visite à l'église du petit village où nous sommes cantonnés. Je me suis uni au prières que vous faisiez à Lourdes au même moment...

17 décembre 1914.

A sa Mère.

... Ce matin j'ai ressenti une belle et bonne émotion ; la remise de croix et de médailles. C'était très beau, dans un recoin charmant de la vallée, tandis que le soleil se levait derrière les coteaux. Musique, et pas bien loin les canons faisaient la basse ; défilé, drapeau, Marseillaise, gorge serrée !

Maman, c'était très simple et très beau...

24 décembre 1914.

A sa Mère.

Chère maman, je vous souhaite une bonne année 1915. Elle sera bonne, elle nous apportera la victoire et la paix, le retour, la réunion ; je l'écrivais hier à papa. L'an neuf sera un ami ; oui, nous aurons une belle victoire.

J'ai cueilli hier du gui, je vous en envoie quelques feuilles pour vous, Renée, Léonie, Félicie, etc. On dit que c'est un porte-bonheur, je souhaite que cela soit ; mais au moins ces petites feuilles cueillies à quelques cents mètres des Boches vous apporteront toutes mes pensées affectueuses, tous les vœux que je forme pour vous tous qui peuplez mes visions de ce là-bas auquel on rêve et pour lequel on se bat.

Maman chérie et toi petite sœur, je vous embrasse bien de tout mon cœur. En cette fin d'année terrible remercions Dieu de nous avoir épargnés. Quant à moi, à cette veille de Noël, je lui demande avec plus de ferveur encore « Mon Dieu, merci, — mais si je dois être sacrifié, faites que ma mort soit l'expiation de mes fautes passées ».

Je ne doute pas qu'Il m'exauce, et c'est pourquoi je suis toujours calme, résolu et joyeux. Pour cette même raison vous devez être rassurées et avoir confiance.

Quoi qu'il arrive, tout sera pour le mieux, et aucun nuage ne devra ternir pour vous la belle Victoire, n'est-ce pas, maman?

Noël 1914.

A Madame X.

Votre lettre m'a beaucoup intéressé. J'aime savoir comment vont nos amis, à les suivre, à les voir vivre et se battre sur la grande chaîne des tranchées, sur ce qu'on appelle justement le « front », puisque c'est là qu'on pense le plus à la France.

Vos vœux sont arrivés à temps en cette nuit de Noël, durant laquelle j'ai évoqué tant de noëls d'autrefois.

Quant à vos félicitations, je les accepte de votre bonne amitié; merci, mais ces galons les ai-je assez gagnés? Il ne suffit peut-être pas, comme vous pouvez le penser, d'avoir fait cinq mois de campagne; tout ce que j'ai pu souffrir depuis nos premières batailles en Belgique jusqu'au marmitage d'aujourd'hui m'a laissé en parfaite santé.

Sans doute j'ai soutenu et encouragé mes hommes pendant la retraite, je les ai menés à l'assaut, et maintenus sous le feu; fourbu et butant, j'ai refusé l'évacuation; affamé j'ai croqué des patates crues, j'ai eu deux fusils brisés dans mes mains, trois balles dans le képi, la visière déchirée par un éclat d'obus, mais au total je suis sain et sauf. Vous voyez bien qu'on ne me devait rien.

Cependant, je suis heureux, d'avoir obtenu mes galons, ils me seront une raison de faire mieux toujours, et de me dévouer davantage pour en être digne jusqu'à la fin de la guerre ou...de moi.

29 décembre 1914.

A sa Mère.

Ma chère petite maman,

J'espère avoir un moment pour faire une longue lettre, bien que je sois aux tranchées. J'y suis assez occupé par différents aménagements ; je surveille les travaux de mon secteur. La moindre négligence pourrait avoir de graves conséquences, puisque ces travaux servent à protéger les hommes ; c'est vous dire que j'y porte tous mes soins.

« La Noël s'est très bien passée. J'ai pensé à vous en cette nuit de pieux souvenirs ; je n'ai jamais été triste et ne me trouvais pas éloigné de vous, tant je sentais que vous pensiez à moi là-bas. En fait, nous sommes unis, puisque c'est pour la même foi patriotique que nous souffrons, puisque c'est avec la même foi religieuse que nous supportons nos souffrances vaillamment.

Nous n'avons pas eu de messe à minuit, notre aumônier a visité toutes les tranchées durant cette nuit-là.

Par contre, nous avions fait un dîner épatant avec quelques invités.

Après dîner, j'ai fait seul un tour de promenade sur la berge du canal de l'Aisne, dans une nuit superbe. Ma section étant de garde à un pont, je suis allé souhaiter joyeux noël à mes hommes, à mes braves poilus ; puis, je suis revenu en rêvant dans la nuit, nuit exquise durant laquelle j'ai revu tant de Noëls passés, depuis les plus anciens, les lointains... lointains... Vous voyez que j'ai passé la Noël avec vous tous que j'aime.....

14 janvier 1915

A Mademoiselle X.

..... Ces jours-ci nous sommes aux tranchées, et en ce moment je suis dans ma « cagna ». Les mille et une descriptions qu'ont publiées les journaux me dispensent de te la présenter. Elle est d'ailleurs banale ; elle est comme toutes les autres ; je la veux ainsi, j'en prends une quelconque au milieu de mes hommes ; je ne veux pas, aux tranchées, être mieux logé qu'eux, je ne dois pas être plus à l'abri qu'eux.

Au surplus, il n'est pas utile d'être dans un palais pour dormir, lire quelques pages de Montaigne, bavarder un peu par lettres avec des amis, et rêver ; oh ! rêver !

Car que faire en un gîte, à moins que l'on n'y songe.

J'arrive du dehors, la nuit est splendide ; pendant que je t'écrivais nous avons reçu sur ma tranchée deux fusants ; je suis sorti aussitôt ; non seulement mes poilus n'avaient pas bougé de leurs postes de veille, mais sous l'arrosage qui a duré un quart d'heure, ils sont restés comme si c'était des boulettes de mie de pain qui tombaient autour d'eux.

9 février 1915.

A sa Mère.

(Faisant allusion aux journées des 25-26-27 janvier — affaire de la Creute).

.... Comme vous le savez, ces jours-là, je ne me suis pas battu. J'étais chargé de la garde des ponts de l'Aisne avec deux sections. Les autres de chez nous se sont battus d'une façon splendide. Quand nos tranchées furent envahies par les Allemands, (plus on en tuait, plus il en arrivait, ivres d'éther), on s'est battu corps à corps avec des pelles, des haches, des pioches, tout ce qui tombait sous la main; les blessés se mordaient; ce fut magnifique et je n'étais pas là, maman chérie. Je comprends le « pends-toi » d'Henri IV à Crillon; rien n'est navrant comme de manquer une belle bataille.

...Et maintenant je suis encore au repos forcé; heureusement que c'est calme aux tranchées. Mais je vous assure que j'étais bien émotionné lorsque, obligé de rester par ordre du docteur, j'ai vu partir mes hommes.

Je leur ai recommandé de revenir tous, mais combien peut-être en manquera-t-il au retour? et ceux-là je ne les aurai pas vus tomber, et les blessés je ne les aurai pas soignés !

16 février 1915. Mardi Gras.

A sa Mère.

Ma chère maman,

Je vais très bien. En l'honneur du mardi gras nous avons mangé des crêpes et nous aurons ce soir des beignets faits dans la tranchée.

Cette nuit de Carnaval s'annonce très gaie. Nous entendrons probablement la musique de plusieurs « balles »; il y a même une redoute au programme, et, à la compagnie voisine, ils ont projeté de s'habiller en fantassins de la IIIe république...

2 mars 1915.

A Madame X.

Chère Madame,

Que d'excuses je vous dois pour le retard que j'ai mis à répondre à vos nombreuses et si aimables lettres !

Merci tout d'abord d'avoir passé quelques jours à Quintaü. Il faudra recommencer après la victoire, n'est-ce pas? Si nous y sommes, ce sera pour nous; si l'un de nous manque, ce sera pour consoler maman.

J'ai de bonnes nouvelles de papa, et ces jours-ci, cela s'est un peu calmé de son côté. Vous pensez comme je tends l'oreille, et quelle sale impression j'éprouve lorsque j'entends le roulement continu d'une bataille à l'endroit où je sais qu'il est. Pauvre papa !

Excusez-moi si je suis devenu triste brusquement; mais c'est qu'encore on vient de m'avertir de la mort d'un bon camarade; il a reçu une balle dans la tête.

Ce soir, je l'enterrerai dans un coin du plateau où déjà d'autres camarades dorment; — Oui ! nous l'enterrerons ce soir ! Sous la lune et ce sera tout !... à qui le tour? « Au premier de ces Messieurs », comme chez le coiffeur.

Pauvre bougre, il était marié et me parlait constamment de sa petite femme; réformé il y a un an, il s'était engagé dès le début de Septembre, et maintenant... Pauvre femme !

Sa mort m'a beaucoup ému, excusez-moi, je vous quitte. Eh ! bien, en voilà une lettre ! Si je pouvais pleurer; mais on ne peut plus pleurer ici, il ne le faut pas... et puis, pourquoi?...

18 mars 1915.

A Mademoiselle X.

... Tu me dis que tu ne me feras plus attendre, lorsque, de nouveau, nous visiterons le Louvre ensemble.

Hélas ! chère amie, mille regrets ! mais si tu veux n'y revenir qu'avec moi, tu risques d'attendre longtemps... bien longtemps.

Merci d'avoir évoqué nos promenades de l'an dernier avec Suzanne; je m'en étais souvenu, moi aussi, aux jours anniversaires.

Pendant les longues nuits de veille, je revois les musées, les jardins, les églises; Notre-Dame, ses nervures, ses rosaces; St-Etienne-du-Mont, et les vitraux de son cloître; toute la trop petite partie des beautés dont notre patrie nous a fait jouir; et c'est pour moi un réconfort de penser que ces beautés sont une portion du grand Tout que nous défendons maintenant.

Mais c'est surtout à la bataille de la Marne que nous avons eu cette impression, lorsque vaincus, harassés, nous nous sommes brusquement retournés comme une bête traquée qui fait front; dans cette bataille, durant laquelle chaque homme se disait « ah ! non, c'est assez reculer, — Paris est derrière nous, je me ferai casser la g..... mais ils ne passeront pas. » Maintenant que j'en ai parfois le loisir je vais fouiller dans le passé, je recherche un souvenir dans l'espace et le temps, je le fixe un instant, et ses formes se précisent. C'est un paysage, un coucher de soleil, un bel orage, une journée, un instant parfois.

Ou bien j'entre au Louvre, je vais revoir telle Vénus, je fouille les bas-reliefs d'un tombeau ou d'une frise, je m'arrête un long temps devant la « Samothrace » qui symbolise si bien notre victoire ailée, splendide et... mutilée; je vais revoir la petite *Infante* de Velasquez, tu sais, à droite en entrant, au Salon carré; puis dans la grande galerie je revois les *Holbein*; je tourne pour m'arrêter devant un sujet d'actualité, la *Prise de Constantinople*; je salue un Regnault; puis je passe dans la salle XVIII où je t'avais rencontrée une fois, oh! bien par hasard, n'est-ce pas? et on n'a jamais voulu le croire.

Dans les petites salles des bas-côtés, je me régale avec les petits maîtres hollandais, je pousse jusqu'à Chauchard, où je retrouve la rousse *Liseuse*, quelques Troyon, Diaz, Meissonnier.

D'autres fois je vais au Luxembourg; dans le jardin qui me rappelle tant de souvenirs divers, dans le musée où je prie devant le *Christ* de Carrière; mais le tableau que je revois le plus souvent, qu'il me semble vivre, c'est le *Rêve* de Detaille! -notre rêve!

Richepin a dit dans un charmant conte de Noël que l'imagination est le trésor des pauvres; elle est aussi, je crois, celui des poilus aux tranchées.....

28 mars 1915.

A sa Mère.

Ma chère maman,

Je reçois vos cartes de Lourdes; merci de vos bonnes prières, mais permettez-moi un petit reproche, oh! un tout petit, car certainement vous ne le méritez pas autant que vous le paraissez.

Vous demandez toujours à Dieu mon retour; merci encore, car j'aime bien la vie avec tout ce qu'elle me donnera de joies familiales et autres, si je reviens; mais avouons que mon retour est d'une bien mince importance.

La Victoire d'où jaillira la renaissance de notre France est autrement désirable, et aussi la fin rapide de cette atroce guerre pour mettre un terme aux souffrances du pays et à ses lourds sacrifices. Voilà qui est bien plus à souhaiter que le retour de tel ou tel soldat, fût-il le plus brave.

Et si vous voulez vous unir complètement à mes prières, à ma façon de prier — vous demanderez pour moi (et vous verrez que je suis bien exigeant), vous demanderez que ma mort, si celle est nécessaire à notre belle cause, me serve d'expiation pour mes fautes passées.

C'est à ces intentions et aux vôtres, à celles de papa et de Fernand, que je communierai le jour du Jeudi Saint; je crois qu'ainsi je remplirai mon double devoir de soldat et de chrétien.

A sa Mère.

24 avril 1915.

(On parlait à cette époque de permissions).

..... Vous me dites qu'on ne peut me la refuser, car je suis bien noté; mais tout le monde est bien noté; tout le monde ici fait son devoir; il est d'ailleurs assez beau à faire pour qu'on le fasse hardiment, et de tout son cœur, et de toute son âme; et ce dernier porte en lui, dans son accomplissement sa propre récompense...

De plus en plus, maman chérie, combien c'est vous qui êtes à plaindre, et combien c'est vous, les mamans, dont le courage passif dépasse de cent coudées notre pauvre sang-froid sous les marmites et notre fougue dans les assauts.

A sa Mère.

1er mai 1915.

Chère petite maman,

Le beau temps continue et j'espère que vous avez aussi du soleil à Paris; le mois de mai y est si joli; aujourd'hui toutes les rues doivent être fleuries de muguet.

Ici il n'y a pas de muguet, mais j'ai cueilli pour vous des petites pensées sauvages qui ont poussé sur le talus de ma tranchée. Elles sont toutes petites, et semblent avoir eu peur de se montrer sous les balles.

A sa Mère.

5 mai 1915.

...C'est dommage que T... soit automobiliste, il n'a aucune raison de l'être, ce n'est pas son métier.

Le petit Jacques est épatant...

A sa Mère.

12 mai 1915.

.. La fin de la guerre ne viendra pas si vite, et longtemps encore nous devons être séparés. Il le faut, le sacrifice est dur, mais je sais que vous êtes de force et de courage à le supporter, petite maman si vaillante; et notre cause est si belle, si pure, si noble que souffrir pour elle est une joie.....

A sa Mère.

26 mai 1915.

...... Ne vous inquiétez pas; les services, et surtout le service de santé, sont épatants. Tout marche à merveille, on nous soigne, on nous dorlote. On ne pense qu'à nous préserver de toutes sortes de microbes, on prévoit tout, on pourvoit à tout, c'est parfait, parfait.

27 mars 1915.

A Mademoiselle X.

.. Merci de tes lettres, toujours les bien venues, et de tes « duchesses » exquises que j'ai savourées.

Vous me gâtez, c'est vraiment trop, c'est charmant de faire la guerre dans ces conditions-là.

J'ai également bien reçu les illustrés. Dans ceux-ci ce que j'apprécie le plus, ce n'est pas les photos de tranchées et de batailles parfois fort bien truquées ; non, ce que je recherche, ce sont les actualités de l'intérieur, de tout ce qui se passe derrière nous, dans cette sorte de terre promise d'autant plus désirable que nous la connaissons. Et je m'intéresse à la vie de notre France jusque dans ses petits et délicieux détails, la forme de la dernière robe, le sujet de la dernière pièce, le clou de la dernière exposition. Et nous nous réjouissons du petit air militaire, bien français qu'ont arboré si crânement les femmes, et de savoir que nos artistes, nos écrivains ont toujours du talent et de l'esprit, et combattent à leur façon, fort joliment ma foi ! contre l'ennemi brutal et sot.

7 juin 1915.

A sa Mère.

Chère petite maman

Rien à signaler, il fait chaud, le secteur est calme.

Dix mois aujourd'hui que nous sommes partis de Bayonne ! c'est énorme et ce n'est rien. Nous n'en sommes pas fatigués, parce que nous ne devons pas l'être ; on nous demandera encore beaucoup, la besogne est loin d'être terminée, nous la ferons crânement, gaiement jusqu'à la fin.

Mais vous ? oh ! pourvu que vous ne vous lassiez pas. Mais il ne faut pas oublier que vous toutes qui souffrez au loin êtes des combattantes dans cette guerre où ténacité et patience sont synonymes de courage ; et qu'ainsi la foi en l'idée pour laquelle nous luttons gonflera vos âmes des vertus nécessaires.

..... Je ne sais pourquoi je vous dis tout cela ? Est-ce à cause de la date ? Dix mois ! Si au départ de Bayonne, au lieu de nous dire que la guerre serait courte, on avait pu nous la représenter si longuement cruelle, nous n'en serions pas moins partis en chantant.

Si aujourd'hui, maman chérie, quelqu'un pouvait nous dire. « Il y a encore 10 mois, 20 mois à tenir » vous souffririez cent fois plus que vous avez souffert. Nous dirions, nous : « Ça va, on est là », tant il est vrai que notre moral n'est pas défaillant, bien au contraire.

Je vous embrasse, maman chérie, de tout mon cœur que je sens très fort.

20 novembre 1915.

A Madame X.

... Nous ne pouvons pas quitter le camp, la consigne est formelle ; nous y sommes bien, malgré les rongeurs qui y pullulent ; je l'ai ainsi surnommé le « camp des ratons ». C'est idiot, mais il nous faut si peu pour nous amuser.

6 janvier 1916.

A Madame X.

,.. On a toujours le sourire, l'état sanitaire est excellent, le moral aussi, les plaisanteries survivent au marmitage, et bien souvent le dernier mot d'un poilu est un *mot*...

5 octobre 1916.

A Mademoiselle X.

..... Ma gaieté n'est souvent qu'un masque... réglementaire ; mais quelquefois on est triste tout seul, et l'on écrit à ses amis des lettres qu'on n'envoie pas.

25 octobre 1915.

..... La mort n'est rien...

28 novembre 1915

A Madame X.

..... Je continue à alterner mes villégiatures; tranchées, bois, tranchées, bois ; cela n'a d'ailleurs rien de désagréable, au contraire.

Pour que cela ne soit pas monotone, le bois a eu l'extrême amabilité de changer sa teinte. Il a passé du vert polychrome à un mordoré chatoyant qui lui va très-bien.

A côté des joies calmes de cette vie presque contemplative, il y a les agréments du bien-être matériel. Nous commençons à être très bien installés; tout le confort moderne, eau à tous les étages, quand il pleut; le gaz, asphyxiant sans aucun doute, ne tardera pas. Enfin nous avons tout sauf... le leste, bien entendu.

6 septembre 1915

A sa Mère.

(Après une deuxième permission).

Ma chère petite maman,

J'espère que la nouvelle séparation ne vous aura pas été trop pénible; il ne faut pas s'attendrir, il ne le faut pas.

Ces permissions ne peuvent que vous rassurer, vous faire espérer d'autres retours; et d'ailleurs la séparation n'existe pas, vous le savez bien, puisque nous sommes unis dans la même pensée, dans le sacrifice à la même idée.

22 février 1916.

A sa Mère.

Papa m'a envoyé son cycliste avec une lettre m'annonçant son prochain départ de la région; j'espère que vous ne vous en attristerez pas, et que votre beau courage supportera bien cet ennui.

Nous sommes soldats, à la disposition complète de nos chefs, et d'autant plus fiers d'obéir que c'est plus pénible.

19 mars 1916.

A sa Mère.

... Charles (1) avait toujours eu une très belle conduite. C'est un modèle à suivre et un ami de plus à venger. Sa mort est trop belle pour être triste, mais nous seuls qui sommes ici le comprenons tout à fait.

19 juin 1915.

A sa Mère.

..... Les soirs de ces jours d'enfer, je pensais en me retrouvant encore vivant : « On devait bien prier pour moi, là-bas ! »...

____

(1) M. Charles ROQUEBERT, notaire à Bayonne, blessé mortellement sous Verdun.

A sa Mère.

..... Le brave Larrieu a été très touché de la visite que vous avez faite à ses parents, et je vous remercie de tout le bonheur que vous leur avez causé. Nous avons eu des nouvelles de Laporte, il va aussi bien que possible; une simple bronchite, paraît-il. Avez-vous envoyé à leur famille la photo, où Laporte et Larrieu sont ensemble, sur la neige? et à Yvonne, celle où se trouve Jean? Faites-le, je vous en prie; cela leur donnera de la joie un peu, —j'essaye toujours d'en donner chaque fois que je le puis; on a tant à souffrir.

5 octobre 1916.

A Mademoiselle X.

..... Il ne peut être question de ce que si gentiment tu appelles ma « carrière ».

Mon avenir?... Je ne dois pas oublier que depuis plus de deux ans, ma chance est à une rude épreuve, elle s'use, s'use terriblement; je le sens, et la guerre ne sera pas finie de longtemps encore; mon tour approche, tout projet m'est interdit, et c'est folie de penser à mon avenir.

J'ai eu quelquefois le grand tort d'y songer, d'en parler, d'envisager un « après »; — j'en serai puni, je n'en avais pas le droit, mais on perd si facilement la véritable notion des choses.

19 novembre 1916.

A sa Mère.

..... Ne vous alarmez pas pour mon moral, il n'a jamais été meilleur. J'adore mon métier et mes hommes; mes camarades sont charmants, et puis, quand on veut travailler, et on a toujours à apprendre, il n'y a pas de temps pour le cafard.

28 avril 1917.

A sa Sœur.

(Sept jours avant sa mort).

....

P. S. — Série noire, des deux jeunes capitaines que tu avais vus à St-Dizier, l'un, Bourguignon est tué, l'autre Miraud est blessé; c'est navrant. — Les bons s'en vont, moi je reste.

SON TESTAMENT
(EXTRAIT)

Si je meurs dans une bataille, je désire qu'on ne recherche pas mon corps ; il sera bien là-bas ; qu'on me laisse reposer à l'endroit où j'aurai lutté. Une borne-colonne posée sur le caveau familial à Anglet me rappellera au souvenir et aux prières de mes amis. Si je succombe à des blessures et qu'un enterrement ait lieu, je le désire très simple, avec le seul éclat des honneurs militaires dus à mon grade.

SES CITATIONS

Le général Commandant le 18ᵉ Corps d'armée cite à l'ordre du Corps d'Armée

Le Barillier, Roger, Lieutenant au 49ᵉ, R. I.

Au front depuis le début de la campagne. S'est toujours fait remarquer par sa bravoure, en particulier le 24 mai 1916, en effectuant à découvert, la reconnaissance de la position sous un violent bombardement. Donne l'exemple du mépris du danger dans l'organisation du nouveau secteur.

Le Général Commandant le 18ᵉ C. A.
Signé : HIRSCHAUER.

Le Général Commandant la Xᵉ armée cite à l'ordre de l'armée :

Le Lieutenant Le Barillier, Roger, du 49ᵉ régiment d'Infanterie, 2ᵉ compagnie :

Officier intrépide qui a su communiquer à sa Compagnie un allant irrésistible. Le 5 mai 1917, a conduit brillamment sa compagnie à l'assaut d'une ligne puissamment fortifiée, s'en est emparé malgré une résistance acharnée de l'ennemi. Blessé mortellement sur la position conquise, a conservé le commandement jusqu'au dernier moment, se faisant renseigner sur l'avance du nettoyage et donnant ses dernières instructions. Mort héroïquement.

Le général commandant la Xᵉ Armée.
Signé : DUCHESNE.

Les Farces charivariques basques [1]

CHAPITRE I

Nom. Localisation. Répertoire.

Tandis que les « parades » décrites précédemment (pp. 23-57), sont des charivaris à grand spectacle où la partie dramatique, réduite à un jugement pour rire, n'est que l'un des éléments du divertissement, les « farces », que nous allons décrire maintenant, sont bien encore des charivaris, puisqu'il s'agit toujours de châtier par une censure publique des dévergondés ou des imbéciles, mais la partie dramatique y prend une importance nouvelle et constitue à elle seule, ou peut s'en faut, toute la réjouissance. Cette partie devient une petite comédie de mœurs où les faits et gestes des « sujets » sont, non plus chansonnés, mais représentés sur la scène au naturel.

Les farces charivariques s'appellent aujourd'hui : *asto-lasterrak*, « course aux ânes », ou *asto-lasterkak*, « course sur les ânes » (2). Ce nom fait penser tout de suite aux fameuses « promenades sur l'âne » déjà pratiquées chez les Grecs (3), et que la grivoise moralité de nos ancêtres imposait à la femme adultère et au mari content d'être battu.

Que l'usage de ces « promenades » ait existé dans le Pays basque, c'est un point sur lequel il n'y a pas de doute pos-

---

(1) Chapitres détachés d'un ouvrage inédit qui a pour titre : *Etudes sur le théâtre basque.*

(2) Cette seconde forme, employée par Fr. Michel, p. 55, n'est plus usitée dans la Soule; mais à Saint-Palais on la considère comme la seule correcte.

(3) D'après Plutarque et Stobée. A Cumes (Asie Mineure), on appelait ονοβατις la femme adultère qui avait fait la promenade sur l'âne. Chez les Pisidiens, les deux coupables, homme et femme, étaient condamnés à subir ensemble cette peine.

sible : car des documents authentiques prouvent qu'à la
fin du XVIIIe siècle on y infligeait encore cet ignominieux
châtiment à des fautes très diverses. Par exemple, en 1793,
vingt-cinq habitants de Gestas, mécontents de leur maire,
le citoyen Etchebarne, se saisirent de sa personne et le ba-
fouèrent « en le promenant, revêtu de son écharpe, sur un
âne, avec menace de le pendre ». Deux ans auparavant, à
Mauléon, une fille, irritée de ce que le P. Yves, vicaire des
Capucins, venait de prêter le serment civique, l'avait in-
jurié dans la rue et lui avait dit « qu'on le ferait courir sur
l'âne » (1).

Il est même certain que cet usage a persisté jusqu'à une
date bien plus récente. En effet, Fr. Michel rapporte, p. 56,
que l'abbé Bordachar, son contemporain, se souvenait d'a-
voir vu deux ou trois fois promener ainsi des « sujets »;
et M. Esprabens, instituteur à Montory, nous a affirmé que
dans ce village cela se faisait encore il y a moins de trente
ans, mais sous une forme atténuée : on habillait deux mannequins avec des vêtements d'homme et de femme aussi
semblables que possible aux vêtements ordinaires du couple charivarié; on attachait ces mannequins sur des ânes et
on les promenait par tout le village, avec accompagnement
de musique discordante et de couplets satiriques. Aujour-
d'hui cela est tombé en désuétude; mais le mot subsiste, et la menace de « faire courir les ânes » est restée dans
le langage populaire.

On ne peut donc nier que le terme *aslo-laslerrak* soit en
rapport avec cet usage. Mais quel est exactement le rapport? *L'aslo-laslerrak* est-il cet usage lui-même, transfor-
mé et adouci par l'influence des mœurs modernes? On est
d'abord tenté de le croire; mais ensuite le doute vient : car,
d'un côté, la farce dramatique à laquelle on donne ce nom
ne ressemble pas du tout à l'ancienne « promenade sur
l'âne »; et, d'un autre côté, certains textes semblent établir
une distinction expresse entre la farce et la « promenade ».

---

(1) Cf. Dr Larrieu, p. 21.

Par exemple, on lit dans l'épilogue de *Jouanic Hobe et Ar-laïta* :

Elle (*Arlaïta*) aurait bien mérité qu'on lui fît *l'asto-lasterrak*. Ce te fois-ci, on ne le lui a pas fait ; mais, si elle recommence, on le lu i fera certainement.

Ne résulte-t-il pas de ce passage que *l'asto-lasterrak* est un châtiment beaucoup plus grave que la simple farce charivarique ? En somme, la farce n'est qu'un charivari amplifié et dramatisé ; mais *l'asto-lasterrak* est une peine afflictive et infamante. Ainsi la représentation dramatique, loin de s'identifier avec la « course aux ânes », n'est qu'une sorte d'avertissement donné aux gens de mauvaise conduite : ils sont prévenus que, s'ils n'en tiennent pas compte, on emploiera contre eux un plus énergique moyen de répression.

D'ailleurs la différence indiquée ci-dessus entre la farce et la « promenade » tend à s'effacer dans l'esprit des Basques, depuis que la « promenade » est tombée en désuétude ; et il faut bien reconnaître que, de nos jours, quand on parle *d'asto-lasterrak*, on veut parler de représentation charivarique (1).

Disons maintenant quelle est la région où ces farces charivariques ont pris naissance et où elles ont fleuri.

Le dialecte dans lequel elles sont écrites est ordinairement le souletin plus ou moins mélangé de bas-navarrais. Elles semblent donc être nées aux confins de la Soule et de la Basse-Navarre, dans la région de St-Palais, c'est-à-dire dans la haute vallée de la Bidouse, rivière qui prend sa source au milieu de la forêt des Arbailles et qui se jette dans l'Adour à Guiche. Cette haute vallée, dont la capitale est St-Palais, appartient à la Basse-Navarre ; mais on y parle

______

(1) Au dire d'un vieil instituteur de pastorales, voici quelle aurait été l'évolution de *l'asto-lasterrak*. Primitivement, les jeunes gens contraignaient les « sujets » à monter en personne sur des ânes et les promenaient dans le village en leur passant de temps à autre sous le nez un chat pendu au bout d'une perche. Ensuite, on se contenta de tourner les coupables en ridicule, et, à cet effet, des acteurs, montés sur un chariot que traînaient des ânes, mimèrent dans les rues l'aventure scandaleuse en chantant à tue-tête des couplets vengeurs. Finalement, ces chansons prirent la forme d'un dialogue, et l'idée vint de le réciter sur un théâtre à la manière des tragédies.

un mélange de souletin et de bas-navarrais. En outre les inscriptions des manuscrits font connaître trois localités où ont été jouées de grandes farces, et ces localités, Olhaïby, Pagolle et Larribar, sont situées dans le voisinage de Saint-Palais. Ajoutons que Jacques Oïhénart, qui paraît avoir été l'un des plus spirituels et des plus féconds auteurs de farces, était d'Uhart-Mixe, village situé sur la Bidouse même, à six ou sept kilomètres en amont de la petite capitale. Tout cela nous induit à penser que le genre des farces appartient plus spécialement à cette haute vallée, comme celui des parades charivariques à la haute vallée de la Nive et celui des tragédies à la vallée de fa Soule.

Toutefois la localisation paraît moins rigoureuse pour les farces charivariques que pour les parades et pour les tragédies. Car la mode de ces farces s'est vite acclimatée dans la Soule, où on en a joué et où l'on en joue encore fréquemment. Bien plus : des représentations analogues se sont données jusqu'à nos jours dans certains villages du Béarn (I).

Le répertoire comprend aujourd'hui dix-sept pièces, conservées intégralement ou partiellement. Etant donné que les thèmes de ces pièces sont des faits réels empruntés à la chronique scandaleuse du village, ils deviennent en quelque sorte des documents moraux, et, à ce titre, ils méritent d'être brièvement exposés. Voici les analyses sommaires de ces farces (2).

1º ARDEATINA ET LUDOVINA. — Ardeatina, qui a surpris son amie Ludovina couchée avec le prince Rubiq « sur les remparts du roi », juge que, « si la manière est vilaine, le goût sans doute est bon », et elle avoue à Ludovina qu'elle-même désirerait connaître aussi quelques hommes. Mais ce qui la retient, c'est la prudence : car, à ce jeu-là,

-----

(1) Voir à *Littérature comparée,* Vᵉ partie, chap. 2.

(2) Bien entendu, nos analyses laissent de côté un grand nombre de faits secondaires. — Les titres qu'on va lire ont été presque tous mis après coup. A deux ou trois exceptions près, les manuscrits des farces charivariques ne portent aucun titre.

on risque beaucoup de faire venir la sage-femme Gracieuse
à la maison.

Malheureusement cette judicieuse remarque est venue
trop tard. Ludovina accouche clandestinement et fait disparaître le fruit de sa faute. Cette fois encore, son amie Ardéatina l'a vue au moment où elle accouchait. En vain la fille-
mère nie tout; l'autre lui répond « qu'aujourd'hui les filles se croient encore pucelles après qu'elles ont mis un en,
fant au monde. » Bref, pour acheter le silence d'Ardeatina-
Ludovina promet de lui envoyer un galant dans sa
chambre.

Mais Ludovina ne tient pas sa promesse. Reproches d'Ardeatina, menaces, réconciliation. Quoique réconciliées, les
amies ne se privent pas de médire l'une de l'autre. Après
que Ludovina s'est mariée en justes noces, Ardéatina s'empresse de faire confidence au public des vieux péchés de
sa compagne et de raconter que la nouvelle épouse a déjà
une intrigue avec un chaudronnier.

Ainsi averti, le mari surprend le chaudronnier, qui dé-
campe en abandonnant les chaudrons avec lesquels le
cocu garnit à bon compte sa cuisine.

Cependant Ludovina, devenue enceinte par les œuvres
du chaudronnier, prie et supplie Ardeatina de l'assister
pour un nouvel accouchement clandestin. Mais Ardeatina
s'y refuse, et, dans une sorte de sermon qui termine la farce, elle donne aux jeunes filles l'excellent conseil de ne jamais offenser Dieu, d'avoir recours à la Sainte Vierge dans
les tentations, et de réciter « la Salutation des anges » toutes les fois que le Malin viendra les tourmenter.

2° BALA ET VILOTA. — Comme le cabaretier Bala et sa
femme Vilota sont en train de baptiser leur vin, Bala s'aperçoit que sa fille Haria est sortie, et il la soupçonne d'être
allée à la danse, quoiqu'il le lui ait expressément défendu.
Mais Vilota prend le parti d'Haria. Sur ce, le mari et la
femme se battent, tombent par terre, renversent la marmite; et le chat emporte la viande qui a roulé sur le carreau.
Puis, quand Haria, qu'un enfant est allé chercher, rentre au

logis, il est trop évident, malgré ses dénégations effrontées, que les craintes conçues par le père sur la vertu de
la fille n'étaient pas vaines.

3° BELCADER, ROI D'AFRIQUE.. — Belcader, d'accord
avec sa mère Isabelle, cherche une servante à tout faire
et trouve Grosille, béarnaise, avec laquelle il noue aussitôt des relations amoureuses. Plus tard il épouse l'héritière
Clémentine, sans rompre toutefois avec la servante, qui devient grosse. La femme légitime ne tarde pas à concevoir
des soupçons, et elle fait une scène à Belcader qui nie tout.

Dès lors, la mère et le fils s'entendent pour dénigrer
l'épouse et pour chanter les louanges de la concubine. C'est
en vain que le curé, ayant eu vent de la chose, adresse des
remontrances à Isabelle et l'exhorte à congédier Grosille :
la mère complice soutient qu'il ne se passe rien de déshon-
nête sous son toit (1).

4° BOUBANE ET CHILLO-BERDE. — Boubane reproche
à sa femme Chillo-berde de le tromper et de manger avec
des amants le bien qu'il a péniblement acquis par son travail. Chillo-berde lui répond que rien de tout cela n'est vrai,
et elle l'invite à se mettre à table : car il est l'heure de dîner, et Kopet, le domestique, a faim.

Or Boubane a précisément résolu de mettre Kopet à la
porte et de le remplacer par Miniça. Quand Miniça se présente, Kopet le roue de coups et le met en fuite. Mais Miniça
revient en compagnie du curé Harburu et d'un certain Gas-
par, amenés comme témoins, et demande à Kopet pour
quoi il l'a battu. Chillo-berde et Kopet nient qu'il y ait eu
bataille et déclarent qu'ils n'ont pas même vu le plaignant.

Cependant le curé, apercevant Boubane ivre, dit qu'il
faut qu'on le couche. Kopet emmène donc son maître
dans l'étable, où il lui administre une râclée ; puis il va prendre dans le lit de Chillo-berde la place du mari absent.

Boubane meurt, et Chillo-berde, très pressée d'épouser
Kopet, ne tarde pas à se présenter avec lui devant le

____

(1) La farce, qui finit brusquement, est sans doute inachevée.

maire. Mais le maire refuse de les marier, parce que le délai légal n'est pas révolu.

Au bout de dix mois, Chillo-berde et Kopet, chargés de cadeaux, reviennent devant le maire. Celui-ci leur réclame « les publications du desservant ». Ils répondent qu'ils ignoraient que ces pièces fussent nécessaires. Le maire leur dit d'aller les chercher, mais ajoute « qu'ils peuvent laisser là les cadeaux ».

5° CABALÇAR ET SA FAMILLE. — Cabalçar, joueur et ivrogne, exhorte ses enfants à être obéissants, laborieux et de bonne conduite. La mère et la fille approuvent les paroles du père ; mais le fils déclare que, quant à lui, il entend bien s'amuser avec ses camarades.

Cabalçar s'étonne que, malgré l'heure tardive, son fils ne soit pas rentré encore à la maison, et il se promet de le corriger d'importance. La mère essaie d'apaiser la colère de son mari.

Le commandant de gendarmerie arrive avec le brigadier et le sergent, pour maintenir l'ordre dans le village.

Les Satans conseillent au fils de continuer à s'amuser.

La fin de la farce manque.

6° CANICO ET BELTCHITINE. — Canico, paysan faible de caractère et trop ami de la bouteille, s'est remarié avec Beltchitine, femme acariâtre, qui se décharge sur lui de maintes besognes domestiques, lui fait nettoyer le lavoir, préparer les sarments pour la lessive, etc.

Or, un jour qu'il a bu plus que de raison, le benêt se laisse flouer par deux aigrefins, Sabant et Salhatan, qui troquent leur mauvaise jument contre son bon cheval et qui, de plus, obtiennent de lui une soulte de 10 fr. En conséquence, sa femme le frappe à coups de balai. Alors les gens du village, qui ont eu vent de l'histoire, commencent à se gausser du pauvre mari. Celui-ci, qui craint d'être charivarié, imagine d'intimider les railleurs en accusant de diffamation l'un des témoins de la bataille conjugale, qu'il soupçonne d'avoir cancané sur son compte.

Les amis de Canico essaient vainement de lui faire comprendre qu'il donnera ainsi plus de publicité à sa mésaventure. Il persiste dans sa sotte résolution et dépose une plainte au tribunal. Mais le juge renvoie l'accusé des fins de la plainte, semonce rudement les deux époux, et les avertit que, s'ils recommencent, ils ne s'en tireront plus à si bon marché. Canico et Beltchitine rentrent piteusement dans leur village, où ils sont la risée de tout le monde (1).

7° CHIVEROUA ET MARCELINE. — Chiveroua, homme marié, rencontre Marceline, fille de mœurs faciles, et lui débite des galanteries qu'elle écoute avec plaisir. Puis, comme elle lui dit, par coquetterie, qu'elle souffre d'un certain malaise, il l'emmène aussitôt pour lui faire, à l'ombre d'un chêne, sur un tas de foin, le traitement qui la guérira.

Marceline raconte à sa mère Tomaline que Chiveroua est amoureux d'elle et que, pour l'entretenir dans ces bons sentiments, elle se propose de l'inviter à souper.

Pendant le souper, Marceline annonce à Chiveroua « que ce qu'ils ont fait en secret ne tardera pas à devenir public », et elle exprime l'espoir que son amant ne l'abandonnera point. Mais Chiveroua se rebiffe, allègue que c'est elle qui lui a fait des avances, objecte que d'ailleurs elle a eu d'autres amants. Elle jure ses grands dieux que ce n'est pas vrai, et il s'en va, non convaincu.

Marceline est accouchée depuis plusieurs jours. Chiveroua, que cet événement attendrit, lui propose de l'emmener en Espagne, où il lui cherchera une place de nourrice. Elle accepte, entre ainsi au service d'un Espagnol dont elle devient tout de suite la maîtresse, ce qui ne l'empêche pas de nouer aussi des relations amoureuses avec Arnéguy, bas-navarrais, lequel obtient aisément d'elle les dernières faveurs en faisant valoir que, puisqu'ils sont français l'un et l'autre et obligés de vivre loin de leur patrie,

---

(1) Voir *Canico et Belchitine, farce charivarique traduite pour la première fois du basque en français d'après le manuscrit unique de la bibliothèque de Bordeaux...* par G. Hérelle, petit in-8 carré de LI-145 pages, Paris et Bayonne, 1908.

il est naturel qu'ils s'aident mutuellement à adoucir le chagrin de l'exil.

Marceline, enceinte pour la seconde fois, allèche Arnéguy par la perspective d'un riche héritage qu'elle dit avoir à recueillir en France, où elle le ramène après lui avoir fait promettre qu'ils s'y marieraient. Mais Arnégny, arrivé chez les parents de Marceline, ne trouve pas trace du prétendu héritage et refuse catégoriquement d'épouser.

Marceline, qui a perdu tous ses amants, s'engage chez un boucher comme « bonne à tout faire » pour 5 fr. par mois. Là, elle se livre à tout le monde. Devenue enceinte pour la troisième fois, elle tente de nouveau avec le boucher le coup du mariage, et, sur le refus de cet homme, elle lui intente un procès. Le boucher se défend en jurant « qu'il ne l'a touchée qu'une seule fois »; à quoi l'avocat de Marceline répond judicieusement que, « s'il ne l'avait pas touchée du tout, l'affaire serait beaucoup plus claire ». Le boucher est condamné à payer l'entretien de l'enfant qui va naître. Puis le juge adresse à Marceline des compliments sur l'heureuse issue du procès, mais en lui recommandant de prendre désormais deux témoins, pour plus de sûreté.

Marceline, vieillie, est devenue presque aveugle. Chiveroua, son ancien amant, a pitié d'elle, lui parle avec douceur, lui offre de renouer les relations qu'ils ont eues ensemble, douze ans auparavant. Elle accepte.

La femme légitime de Chiveroua meurt de chagrin. Aussitôt le veuf installe chez lui cette indigne maîtresse et l'épouse peu après, quoique sa mère ait obstinément refusé de consentir à un pareil mariage. Ils font en tête-à-tête leur maigre repas de noces. Au dessert, le général Cornu arrive à cheval, met pied à terre et couronne Chiveroua « roi des Cocus ».

8º JOUANIC HOBE ET ARLAÏTA. — Jouanic Hobe, ivrogne, est marié à Arlaïta, ménagère peu endurante.

Arlaïta va chercher son mari au cabaret. Celui-ci, ramené de force à la maison, cuve son vin, puis demande à manger. Au lieu de le servir, Arlaïta lui reproche sa fainéantise et finit par le battre; mais Jouanic riposte et met Arlaïta en fuite.

Le capitaine Jeanfort apporte une lettre par laquelle le roi Agramont, averti qu'il y a dans le village une femme qui bat son mari, ordonne que ces deux époux soient assignés devant le tribunal.

Procès de Jouanic et d'Arlaïta. Plaidoiries. Renvoi de l'affaire à huitaine pour plus ample informé.

Arlaïta, que n'a point assagie l'intervention de la justice dans ses démêlés conjugaux, continue à battre et à mordre son mari. Il n'échappe à la fureur de cette mégère que grâce à l'intervention de son domestique accouru pour le défendre.

Le capitaine Jeanfort fait son rapport au roi Agramont. Il est à craindre que Jouanic et Arlaïta ne réussissent à se soustraire au châtiment qu'ils méritent : car toute la Famille s'est liguée pour les sauver. Mais le roi exhorte ses gens à soutenir vaillamment la lutte, et ceux-ci entonnent une chanson guerrière contre les deux époux.

Frère, Parent et Valet arrivent à cheval et font une démonstration contre le roi. Bataille. La Famille est mise en déroute.

Arlaïta, prisonnière, est traduite devant le tribunal qui, après débats, l'envoie « à Marchapipi » (1). Le roi Agramont est chargé de l'y faire conduire. On garrotte donc Arlaïta; mais, au moment où on l'emmène, Frère attaque l'escorte et la met en déroute. Arlaïta, délivrée, s'élance à la poursuite du roi Agramont, le saisit à la gorge ; et le roi ne doit la vie qu'à la générosité de Frère, qui le dégage et qui recommande à sa belle-sœur de ne pas se vanter de cet exploit.

9° MALKUS ET MALKULINA. — Farce plusieurs fois remaniée, qui se compose aujourd'hui de trois parties : les deux premières, indépendantes l'une de l'autre; la troisième, synthèse des deux premières.

____

(1) « Va-t-en à Marchapipi » est l'équivalent de notre expression française : « Va-t-en au diable »,

a) Polina, mécontente de voir son fils Malkus courtiser la servante Albina, se propose de la renvoyer. Un jour que Polina est allée à Mauléon, Albina exprime à son jeune maître les doutes qu'elle a sur la sincérété de l'amour qu'il prétend lui porter. Malkus se met en devoir de lui prouver incontinent cette sincérité par des actes.

Polina chasse Albina. Mais Malkus, à qui cette première aventure a donné du goût pour les femmes, songe aussitôt à remplacer l'absente, et il n'a que l'embarras du choix : car Arihun et Ariéder, qui toutes deux espèrent l'enjôler, demandent en même temps à entrer chez lui comme servantes. Il choisit Ariéder. La rivale évincée bat outrageusement l'élue, qui va se faire soigner chez le barbier. Celui-ci, après une saignée inutile, administre à la blessée un clystère.

b). Liquy, veuf, est amoureux de Malkulina, sa servante, et lui promet de l'épouser si elle veut se donner à lui. Mais, quand il l'a engrossée, Liquy, considérant qu'elle n'a pas mille écus de dot, l'envoie au diable.

Mulkulina se fait tirer les cartes par la sorcière. Les cartes répondent que jamais Liquy ne l'épousera, et que ce qu'elle a de mieux à faire, c'est d'embobiner un autre veuf qui, à vrai dire, ne l'épousera pas non plus, mais qui se laissera soutirer cinquante louis.

c) Ici la servante Malkulina devient une veuve et le célibataire Malkus devient un veuf.

Malkulina, ne pouvant se résigner à vivre sans homme, jette son dévolu sur Khokho, qui est veuf aussi. Elle rencontre Khokho dans la rue, lui demande un prêt de cinquante louis, sous prétexte d'une dette à payer, et profite de l'occasion pour lui faire entendre qu'elle l'épouserait de bon cœur. Khokho accueille l'une et l'autre requête, et ils partent ensemble « pour signer le billet ».

Khokho se lasse bientôt de Malkulina. Celle-ci, se souvenant de la prédiction de la sorcière, prend son parti de cet abandon et se contente de ne pas rendre l'argent qu'elle a emprunté.

Sur ce, Vénus offre son entremise à Malkulina pour la marier avec son neveu Malkus, qui, quoique veuf, est le plus bel homme du pays. Joie de Malkulina. Vénus lui amène Malkus. Les fiancés jurent de s'aimer éternellement,

Mais les jeunes gens du village signifient à Malkus qu'on lui prépare un grand charivari, à moins qu'il ne consente à payer rançon. Effrayé, il promet de donner une demi-barrique de vin; mais ensuite il regrette son vin et, d'accord avec Malkulina, décide de manquer de parole à la jeunesse.

Le mariage se fait à minuit, de sorte que la jeunesse, leurrée, ne peut exécuter ce jour-là ses justes menaces. Mais les coupables n'y perdent rien : pendant longtemps, chaque soir, le concert vengeur éclate sous les fenêtres des indignes époux.

10º MÉHALÇU ET VÉNUS: — Méhalçu, qui voudrait épouser une héritière, craint que sa maîtresse Vénus, dont il a un enfant, ne fasse de l'esclandre, et il cherche à duper le curé Belot. Belot, beaucoup plus fin que ne le croit Méhalçu, s'empresse d'avertir Vénus de ce qui se passe et lui conseille de se prévaloir de sa maternité pour empêcher le mariage de son ancien amant.

Vénus consulte Cognado, qui la dissuade de faire du scandale et qui l'engage à exiger plutôt de Méhalçu une somme d'argent. Elle demande donc à Méhalçu cinquante louis. Celui-ci se récrie, objecte que « cette marchandise-là est depuis longtemps à très bon marché »; mais pourtant il ne refuse pas d'entrer en pourparlers avec Cognado.

La farce est incomplète.

11º PETIT-JEAN ET SÉBADINE. — Petit-Jean à des vues malhonnêtes sur Sébadine, fille de Ricolor. Celui-ci, qui s'en doute, essaie de soustraire Sébadine aux poursuites de Petit-Jean, et, à cette fin, il enferme sa fille dans la maison. Mais Sébadine, amoureuse, s'échappe par la fenêtre et va rejoindre Petit-Jean.

La farce est incomplète.

12º PETITUŃ ET PETIK-HUNI. — (Il ne subsiste de cette

farce que le prologue). Petitun, marié et empêtré dans de vilaines amours, ne sait plus où donner de la tête. Sa femme meurt de chagrin, ce dont il ne se soucie guère. L'unique chose dont il se préoccupe, c'est de rompre ses relations avec Farandol et avec Arihun, enceintes de ses œuvres.

Son ami Macarel l'engage à se remarier, lui affirme que cela ne l'obligera nullement à renoncer aux libres amours; et il lui racole même une fiancée, Petik-huni, à la fête de Beruhet.

Petitun se rend chez sa future, qui lui sert le lard cuit à la broche. Mais, tandis qu'il lui donne un baiser, le lard tombe à terre et la chatte l'attrape.

Tout le monde est scandalisé de ce projet de mariage. Le curé Belot tient conciliabule avec les garçons, leur promet qu'ils remporteront la victoire sur Petitun; ce qui d'ailleurs n'empêche pas Petitun d'obtenir ensuite du curé Belot tout ce qu'il veut, moyennant un pain de sucre.

Après divers incidents, le contrat de mariage est signé. Petik-huni apporte cinquante louis en argent et cinquante louis de trousseau; Petitun, une paire de chars (1) avec la herse.

Le prologue ne dit rien de la suite de l'aventure.

13° PIERROT ET CHARROT. — Pierrot, qui a déjà quatre enfants, est consterné de voir que sa femme Charrot va lui en donner un cinquième dont il n'est pas bien sûr d'être le père, et il prend la résolution de renoncer désormais à l'accomplissement du devoir conjugal.

Cette résolution, il commence à la mettre en pratique dès le soir même, et, au lieu de se coucher avec Charrot, il reste assis sur une chaise.

Charrot se venge en négligeant les besognes du ménage, en oubliant de faire boire les veaux qui maigrissent. Quand Pierrot s'aperçoit de cette négligence, il jure, tempête, renverse les jarres de lait, déclare que, si cela continue, il s'en ira aux Amériques.

---

(1) « Une paire de chars », c'est un char à deux roues.

Charrot, effrayée, ménage son mari et s'acquitte mieux des travaux domestiques. Mais Pierrot n'en persiste pas moins à lui faire grise mine, à répondre par de sottes querelles aux avances qu'elle lui fait. Charrot, indignée, se révolte et endommage d'un grand coup de pied la cuisse de Pierrot.

A la scène suivante, comme Pierrot s'obstine à ne pas vouloir « servir » sa femme, celle-ci lui endommage l'autre cuisse par un second coup de pied.

Le barbier vient soigner Pierrot, qui s'est réfugié chez une voisine, et, après examen du blessé, déclare que les meurtrissures sont peu graves. « La jument, dit-il, n'avait pas de fers, puisqu'on ne voit aucune trace de clous. »

14º PLANTA ET ELÉONORE. — « Fille de grande et noble famille, » Eléonore, dans la fleur de sa jeunesse, a fréquenté « quelques jeunes et jolis messieurs »; puis elle s'est engouée d'un domestique de son père, et maintenant elle est enceinte. Ses parents s'empressent de la marier au paysan Planta, que l'on croit riche, mais qui est pauvre, rustaud, « bête comme un âne » et jaloux.

Eléonore est navrée de ce mariage. Quant à Planta, il s'imagine bientôt qu'elle a pris un amant, et il lui déclare brutalement ses soupçons. Cela fait qu'Eléonore se décide à mériter le reproche que, pour l'heure, son mari lui adresse injustement, et elle jette son dévolu sur Pansart, homme de qualité, qui saura mieux la contenter que Planta.

Un jour qu'en l'absence de Planta elle a reçu Pansart dans la cuisine, les amants sont surpris par Planta, qui se met à expliquer à Pansart que la loi défend de prendre la femme d'autrui. Mais Pansart, au lieu de l'écouter, le rosse, et Planta s'enfuit dans la loge aux cochons, où il se cache sous le fumier.

A la suite de cette aventure, Planta conçoit une peur horrible de Pansart, et, un jour qu'il le rencontre chassant sur la montagne d'Ahargo, « tous ses membres tremblent et le pissat se congèle dans les canaux de son corps ». Ce qui n'empêche pas Pansart de se jeter de nouveau sur lui et de lui faire une large blessure au front.

Planta dépose une plainte contre Pansart et va faire panser sa plaie par le barbier. Sur ces entrefaites, Eléonore accouche après quatre mois de mariage. Cela étonne le mari, qui consulte le médecin sur l'étrangeté du cas. Le médecin, stylé par Eléonore, le rassure, et Planta, après avoir chèrement payé la consultation, revient chez lui satisfait.

Finalement Eléonore, lasse de son mari, se décide à l'abandonner. Comme Pansart, accusé de divers crimes, doit quitter le pays et se réfugier à Orthez, elle prend le parti de l'y suivre. Mais Pansartine, femme de Pansart, avisée de ce projet, accable Eléonore d'injures. Les deux mégères se battent comme des furies. Les gendarmes paraissent et les emmènent en prison.

15° Recoquillard et Ariéder. — Recoquillard, vieillard de quatre-vingts ans, à la tête pelée et aux genoux cagneux, rencontre dans la rue Ariéder, fille étrangère au village, et l'engage comme servante, « à la condition qu'elle le servira le jour et la nuit ».

Engrossée par son jeune amant Peirot, Ariéder prodigue à Recoquillard les déclarations d'amour, et Recoquillard lui jure qu'il n'a jamais aimé qu'elle. Il s'agit de rejeter sur le vieux la responsabilité de la grossesse intempestive. Bref, Ariéder demande à Recoquillard de l'épouser : sinon, elle le menace de le planter là.

Recoquillard est perplexe : d'un côté, il est ennuyé de sa fausse situation et il se résignerait sans trop de peine à « faire son devoir de chrétien »; mais, de l'autre côté, il n'ignore pas la vraie raison pour laquelle Ariéder « a mal au ventre ».

Comme Ariéder a déjà dit dans le village que Recoquillard veut l'épouser, les jeunes gens se préparent à leur donner un charivari. C'est précisément ce qui décide au mariage le vieillard têtu : puisqu'on prétend l'empêcher de se marier, il se mariera ! (1)

Recoquillard se fait porter sur une chaise devant le maire et le greffier. Le greffier feuillette les registres et ne retrouve qu'après de longues recherches l'acte, très ancien, de la naissance de Recoquillard. Le mariage est célébré.

Cependant Chilpéric, Sicambrius et Aurélien (personnages de la tragédie de *Clovis*) protestent contre le scandale donné par Recoquillard et Ariéder, et demandent au maire de les bannir de la commune. Le maire prend contre eux un arrêté d'expulsion.

Recoquillard et Ariéder ne tiennent aucun compte de cet arrêté, malgré les méchants propos dont ils sont l'objet et les persécutions qu'on leur prépare. Ariéder reproche à son mari de manquer de courage, lui dit « qu'il est devenu un âne, moins les oreilles, » et l'excite à tirer vengeance de ses ennemis.

Ici la farce s'interrompt.

16º SATURNE ET VÉNUS. — Saturne, vieillard veuf et libidineux, hésite entre Jeanneton, filles de mœurs légères, qui a des vues sur lui, et Vénus, fille de Trinquiline, que sa mère voudrait colloquer au veuf. Pour mettre à l'épreuve les deux compétitrices, il promet secrètement à chacune de passer la nuit prochaine avec elle.

Il va d'abord chez Vénus, qui le presse de manger beaucoup de fromage et de boire beaucoup de lait. Il répond qu'« au sac qui ne contient qu'une conque il ne faut pas mettre cinq boisseaux » ; mais il emporte le lait qu'il n'a pu boire.

Il va ensuite chez Jeanneton ; mais, en chemin, il rencontre les Satans qui renversent le lait qu'il voulait offrir à cette seconde amoureuse. Jeanneton, attirée par le bruit, l'invite tendrement à entrer chez elle,

---

(1) Il y a ici dans le manuscrit un long remaniement qui change entièrement la condition des personnages et qui montre Ariéder cherchant à capter la succession d'un voisin valétudinaire. Nous laissons de côté cet épisode et nous passons au dénouement.

Cependant Cognado avertit Vénus de ce qui se passe, et Vénus promet « de plumer sa rivale comme un canard ». En effet, à la première rencontre, les deux filles se disputent, s'outragent, se prennent aux cheveux.

Saturne jubile d'avoir deux maîtresses qui se battent pour lui. Comme c'est Vénus qui a rossé Jeanneton, il en conclut qu'elle sera aussi la plus vaillante dans les combats amoureux, et c'est pour elle qu'il se décide.

Jeanneton, meurtrie, se fait soigner par le barbier, qui la saigne, puis lui administre un clystère.

Couplets charivariques chantés le soir, par les *coblariak* sous les fenêtres de Saturne, à qui les jeunes gens réclament une demi-barrique de vin et deux conques de blé. Saturne s'en plaint au maire. Mais le maire, alléguant que la coutume de ces démonstrations est très ancienne, refuse d'intervenir et conseille au plaignant de s'arranger à l'amiable avec la jeunesse.

Pour échapper aux exigences et aux sarcasmes de la jeunesse, Saturne et Vénus décident de se marier le soir. Mais cette précaution ne leur sert à rien : dès qu'ils sortent de la mairie, une musique infernale éclate et les escorte jusqu'à l'église, où le curé Belot leur donne la bénédiction nuptiale.

17º Tuduk, empereur d'Annam. — Tuduk trompe sa femme Tufulia avec la princesse Ratafia. L'impératrice lui reproche sa conduite ; mais, menteur et piteux, il proteste de son innocence.

Ratafia, voyant son amant si faible de caractère et craignant que la femme légitime ne réussisse à le reconquérir, imagine de le retenir en le régalant de poulets, de vin, de café. Elle dépose tout cela dans une cachette où il doit venir la prendre. Mais les Satans découvrent la cachette, s'emparent du cadeau et s'en garnissent la panse.

Ratafia tombe malade, et le médecin lui prodigue des soins ridicules.

Suit une sorte de divertissement bouffon, qui n'a aucun rapport avec le sujet.

La farce paraît inachevée.

CHAPITRE II

La Composition des Farces Charivariques

Pour mettre sur la scène des sujets tels que ceux que nous venons d'analyser, l'improvisation ne suffirait plus. Aussi les textes des farces charivariques sont-ils toujours écrits (1).

L'auteur de la pièce qui châtiera par le ridicule une choquante infraction aux bonnes mœurs, doit être un homme qui sache versifier et qui ait l'esprit caustique. Voici ce que Fr. Michel racontait (2), il y a soixante ans, sur le choix et sur la fonction de ce dramaturge :

« Malheur aux auteurs du scandale ! Les jeunes gens se sont réunis; les parents eux-mêmes accourent; un poète a été appelé, on l'a mis au courant de tous les détails ; il va, pour un prix déterminé, composer un drame d'autant plus applaudi que le rimeur saura mieux enchâsser dans l'exposé fidèle des faits incriminés tout ce que l'ironie, le sarcasme et le ridicule ont de plus subtil, de plus amer. Qu'a fait le coupable? Comment l'a-t-il fait? Quelles personnes l'ont aidé? Quelles sont les qualités de l'époux ou de l'épouse offensée? Respects, égards dus à la religion, à la famille, à la parenté, au public, etc., tels sont les éléments, le thème de ces drames dont le mérite consiste dans la vigueur des maximes, la finesse des allusions, la souplesse et le naturel des transitions. »

A part les dernières lignes, qui donneraient à entendre que les farces charivariques sont de délicates comédies presque dignes de Molière, le reste s'accorde encore assez bien avec ce qui se passe aujourd'hui. Il est toujours vrai qu'on s'adresse à un «poète » professionnel, pour qu'il compose la pièce ; qu'à cet effet on lui raconte par le menu toutes

____

(1) A. Léon confond les parades et les farces lorsqu'il dit, p. 100, que les vers des farces « sont souvent, en tout ou en partie, improvisés. »

(2) *Le Pays basque,* p. 56.

les circonstances du scandale, et qu'ainsi renseigné le
« poète » versifie le drame vengeur.

Badé disait en 1843 qu'on avait composé « un nombre
considérable de charivaris dramatiques », et il avait certainement raison de le dire, puisque ces farces sont des pièces de circonstance qui visent des cas particuliers. D'où
vient donc que les manuscrits sont si rares?

Fr. Michel, p. 55, a donné une excellente raison de cette
rareté. Comme les farces s'attaquent à des personnes vivantes, « la coutume interdit d'en garder copie sous peine
de s'exposer à de violentes rancunes et même à de terribles
vengeances. » Livrer une bonne fois à la risée publique ceux
qui le méritent par leur sottise ou par la licence de leurs
mœurs, cela est réputé juste et salutaire; mais perpétuer
le souvenir de cette réprobation collective en gardant par
devers soi le document écrit qui l'atteste, cela dénoterait
une malveillance excessive et une rancune inexcusable (1).
En principe, ces pièces n'existent que pour le jour où
on les joue, et le lendemain personne ne doit plus y penser,
même les victimes. N'y a-t-il pas dans l'épilogue de *Pierrot et Charrot* un verset par lequel les acteurs « demandent
pardon » à Pierrot et le prient « de ne pas leur tenir rigueur » (2). Donc, ce qui est surprenant, ce n'est pas que
tant de manuscrits aient péri; c'est plutôt que quelques-
uns aient survécu. En fait, nous possédons six grandes
farces écrites sur des cahiers spéciaux, et qui auraient dû

______

(1) Vander Straeten, t. I, p. 26, constate aussi la rareté des farces flamandes et dit : « La plupart de ces pièces auront été recherchées avec soin et
anéanties rigoureusement.» — Le répertoire des farces françaises,qui, comme
nous le montrerons plus loin, ont beaucoup d'analogie avec les farces basques,
a subi également de très grandes pertes. Il ne subsiste guère que 150 pièces,
et, selon Petit de Julleville (*Histoire*, t. II, p. 427), « ce n'est peut-être pas la
centième partie de celles qui furent composées. » Selon Petit de J., ces pertes s'expliquent par la négligence des auteurs eux-mêmes, « qui n'attachaient
pas beaucoup d'importance à ces petites œuvres. » Mais n'est-il point vraisemblable aussi qu'un certain nombre d'entre elles ont été volontairement
détruites ?

(2) Peut-être est-ce aussi par discrétion que les manuscrits des farces charivariques ne portent jamais de titres : un titre reste trop aisément dans la
mémoire et rend trop faciles les allusions malicieuses. C'est nous qui, dans
notre catalogue analytique, avons donné aux farces les titres qui les dési-
gnent ici.

être détruites. Si elles nous sont parvenues malgré la prohibition coutumière de les conserver, c'est sans doute parce que l'invincible tendresse des auteurs pour ces œuvres a été plus forte que l'autorité traditionnelle de la prohibition. Quant aux onze petites farces écrites et conservées dans des conditions différentes, nous aurons à reparler de ces conditions au chapitre suivant.

Certes la valeur littéraire des farces charivariques est mince; mais pourtant elles ne laissent pas d'avoir une réelle originalité. Bien différentes des comédies de carnaval, qui daubent seulement sur les vices communs, ce que stigmatisent les farces, c'est la mauvaise conduite de tel ou tel habitant du village. Le drame peint donc avec des couleurs grossières, mais vraies, les mœurs intimes de la famille basque; il nous permet de pénétrer dans le secret d'un ménage, nous initie aux incidents de la vie privée, nous fait assister au dévergondage d'un mari débauché, d'une femme infidèle, d'une fille légère qui vole ses parents pour s'acheter des boucles d'oreilles ou pour offrir à boire à son amoureux, les jours de marché. Il ne faut s'attendre à trouver dans ces pièces ni poésie sentimentale, ni force dramatique, ni habileté d'écrivain; mais ce que l'on y trouve, c'est un réalisme qui, en dépit de sa brutalité, est très vivant, très sincère, et qui expose à nos yeux, sous une forme naïve, quelques-uns des principes fondamentaux de la morale domestique des Basques et aussi quelques-uns des maux qui la rongent.

Sauf pour la longueur, la forme des farces est à peu près la même que celle des tragédies. Comme les tragédies, elles ont un prologue, un épilogue, et leur texte n'est divisé ni en actes ni en scènes (1). Toutefois on y distingue ordinairement deux parties, qu'aucun signe ne sépare dans les cahiers, mais qui se différencient par le contenu. L'une représente les faits qui ont motivé le charivari, l'autre

----

(1) Fr. Michel se trompe lorsqu'il dit, p. 56, que les farces chárivariques présentent ces divisions. Nous ne les avons rencontrées dans aucune farce.

montre la punition des coupables. Cette punition est figurée, soit par un procès, soit par une rixe, soit par un mariage. Lorsqu'il y a procès, et ce cas est fréquent, les avocats se chargent de dire durement aux coupables leurs quatre vérités, et le juge les semonce et les condamne. Lorsqu'il y a rixe, les blessés comparaissent devant le barbier qui, lui non plus, ne les épargne ni en paroles ni en actes. Lorsqu'il y a mariage, c'est le maire et le curé qui, dans les allocutions adressées aux pitoyables époux, rivalisent d'acerbes facéties pour leur reprocher leur vilaine conduite.

Ajoutons que le petit fait scandaleux qui constitue le sujet propre de la farce, est ordinairement si tenu qu'à lui seul il ne pourrait fournir la matière de toute une représentation. Il faut donc allonger cette maigre donnée par l'addition de hors-d'œuvre qui parfois occupent autant de place que le sujet principal. Le procédé le plus souvent employé pour faire que la représentation dure le temps voulu, c'est de renforcer la farce d'une satanerie très développée, où le géant joue presque toujours un rôle important (1). Par exemple, dans *Canico el Bellchiline*, la satanerie forme une seconde intrigue qui s'entrelace à la première, sans avoir d'ailleurs aucun rapport avec elle. Mais cette seconde intrigue n'a pas besoin d'offrir un intérêt dramatique quelconque : il suffit qu'elle soit bouffonne et fasse rire les spectateurs (2). Car on ne doit pas oublier que, surtout dans les pièces comiques, les Satans jouent un rôle analogue avec celui des clowns dans un cirque : ils sont là, non pour donner au public une émotion littéraire, mais pour l'amuser par de grosses plaisanteries et pour l'émerveiller par des danses acrobatiques.

---

(1) Il y a notamment de très longues sataneries dans *Méhalçu et Vénus, Saturne et Vénus, Jouanic Hobe el Arlaïta, Canico el Bellchiline.*

(2) Bien entendu, les satans remplissent aussi dans les farces, et même beaucoup plus effectivement que dans la plupart des tragédies, leur rôle satanique d'instigateurs du mal. C'est ainsi que, dans *Chiveroua et Marceline,* dans *Canico el Bellchiline,* etc., ils se mêlent directement et fréquemment à l'action, se félicitent des fautes commises, se réjouissent de voir qu'on observe bien leur « loi », attisent les mauvaises passions des protagonistes et s'emploient activement pour empêcher ceux-ci de venir à résipiscence.

Il y a dans les « sataneries » charivariques une particularité qui mérite d'être signalée. Les Satans et les Géants y adressent souvent aux spectateurs des semonces et même des invectives, dont la divertissante rudesse n'offense personne. Pourtant les femmes et les filles sont loin d'y être épargnées. Dans *Canico*, par exemple, on les tance pour leur gourmandise, pour leur coquetterie, pour leurs faux appâts, pour leur mauvaise conduite ; et, ce qui est encore plus cruel, on se gausse de celles qui sont laides, « avec les yeux si gros qu'ils rempliraient deux paniers, avec la bouche large comme un four, avec les lèvres faites tout exprès pour ramasser le picotin » (1).

Si la longue satanerie ne suffit pas encore pour donner à la farce les dimensions nécessaires, il y a un autre moyen qui consiste à insérer n'importe où dans la pièce quelques scènes étrangères au sujet, par exemple des scènes de mendiants (*Canico*), ou quelque récit plus ou moins scabreux qui s'y intercale sans s'y joindre, mais qui n'en a pas moins le mérite de divertir l'assistance. Dans *Saturne et Vénus*, la mère de Vénus, mauvaise vieille qui favorise les sales intrigues de sa fille, se met tout à coup à raconter l'histoire grivoise d'un garçon que l'on essaie de déniaiser avant son mariage. Dans *Méhalçu et Vénus*, un personnage absolument étranger à la pièce raconte à l'improviste, sous forme de monologue, l'histoire non moins grivoise d'une fille qui, fâchée d'avoir une tache entre les cuisses, va chez un peintre pour se la faire peindre; mais le peintre

---

(1) Aristophane usait déjà de ces injures amusantes. Dans les *Nuées* vers (1095-1104), le dialogue suivant s'engage entre l'Injuste et le Juste :

« *L'Injuste.* — Les spectateurs, que sont-ils pour la plupart ? Regarde-les.

« *Le Juste.* — Je les regarde.

« *L'Injuste.* — Que vois-tu ?

« *Le Juste.* — Par les dieux ce sont presque tous de la crapule. Tiens : celui-ci, je le connais pour tel, et celui-là aussi, et cet autre encore... »

Finalement, il leur crie à tous : « ὦ βινούμενοι ! » outrageuse épithète qu'il faut traduire en latin, puisque le latin dans les mots brave l'honnêteté : « ô pædicati ! »

veut d'abord la limer, et la fille se déclare très satisfaite de cette opération préliminaire.

Il va de soi que la littérature charivarique ignore absolument la propriété littéraire, et que le « poète » prend sans aucun scrupule tout ce qui est à sa convenance dans les œuvres de ses devanciers. C'est pour cela que certains morceaux se retrouvent dans plusieurs pièces. Ainsi, dans *Saturne et Vénus* et dans *Malkus et Malkulina*, les scènes du mariage civil et du mariage religieux sont identiquement les mêmes ; dans *Malkus et Malkulina*, dans *Saturne et Vénus*, dans *Planta et Eléonore*, dans *Canico et Bellchitine*, les discours et les opérations du barbier se répètent avec de légères variantes ; dans *Canico et Bellchitine*, dans *Jouanic Hobe et Arlaïta*, dans *Bala et Vilota*, les plaidoyers des avocats et les propos des gens de justice se ressemblent beaucoup, quoiqu'ils ne se répètent pas littéralement (1).

Malgré les scènes passe-partout, les bouffonneries des Satans et les contes grivois, les farces charivariques sont courtes. Par exemple, *Canico* n'a que 550 versets, *Recoquillard* 330, *Tuduk* 246 *Chiveroua* 220 ; et quelques-unes d'entre elles, comme *Petit-Jean et Sébadine*, *Bala et Vilota*, *Ardeatina et Ludovina*. qui n'ont probablement été joués que sous forme d'intermèdes dans une tragédie ou dans une comédie (2), en ont encore moins : *Boubane et Chillo-berde*, seulement 160 ; *Cabalçar et sa famille*, 80, etc. (3).

Les textes de la plupart des farces charivariques nous sont parvenus dans un état de désordre et de confusion qui va parfois jusqu'à les rendre très obscurs. Cela tient à des causes qui varient selon les cas.

Il arrive parfois que les gens d'un village veulent,

____

(1) Nous avons déjà fait remarquer ailleurs que quelques-unes de ces scènes passe-partout ont été utilisées jusque dans les tragédies.

(2) Nous en parlerons au chapitre suivant.

(3) On se souvient que les tragédies basques ont en moyenne de 1.200 à 1.300 versets, et les tragi-comédies de 800 à 900. C'est à peu près la même proportion que l'on constate dans l'ancien théâtre français entre un mystère d'une journée (de 2.000 à 2.500 vers) une moralité (environ 1.000 vers), une farce ou sotie (à peine 500). Cf. Lenient, p. 334.

comme on dit, faire d'une pierre deux coups, et berner plusieurs individus dans une même représentation. En ce cas la farce se complique, juxtapose ou enchevêtre deux ou trois données différentes. *Malkus el Malkulina* est un bon exemple de ces farces à intrigues multiples; on y bafoue une demi-douzaine de personnes : un garçon de bonne famille, une servante vicieuse, un maître aussi retors que libidineux, une veuve qui ne peut se passer d'homme, etc. Le « poète » a tâché de lier entre eux ces divers épisodes, sans réussir à mettre beaucoup de clarté dans l'ensemble. Mais d'ailleurs, le plus souvent, les pastoraliers n'essaient même pas de ramener à une certaine unité les éléments disparates de ces pièces complexes, et presque toujours ils se contentent de placer bout à bout, sans séparation, deux petites farces indépendantes l'une de l'autre. C'est ainsi que *Méhalçu el Vénus* paraît avoir été joué avec *Saturne et Vénus, Jouanic Hobe et Arlaïta* avec *Bala et Vilota, Belcader* avec *Tuduk.*

Ce qui arrive aussi, c'est qu'on fait resservir la même farce pour deux cas différents. Puisque les sujets des farces sont des aventures réelles advenues à des particuliers, il semblerait que chaque cas nouveau dût exiger la composition d'une nouvelle farce; mais, en pratique, le cas nouveau — bataille conjugale, remariage de veuf, fourberie d'une ribaude, etc. — peut ressembler beaucoup à un autre cas antérieur : dans le milieu peu changeant d'un village, dans le milieu uniforme d'une famille rurale et pastorale, les drames intimes se reproduisent souvent avec des circonstances presque identiques. Il en résulte qu'avec quelques remaniements une farce écrite pour un certain cas peut être adaptée aisément à un autre cas. En fait, plusieurs farces, notamment *Canico et Bellchitine, Jouanic Hobe et Arlaïta, Malkus et Malkulina, Recoquillard et Arieder,* portent des traces évidentes de ces remaniements qui ont mis dans les textes beaucoup de désordre. Le plus maltraité de ces textes est celui de *Recoquillard et Ariéder,* qui paraît avoir servi trois fois : 1º contre un vieillard qui se laissait enjôler par sa servante ; 2º contre un valétudinaire dont une fille de mauvaise vie cherchait à capter la succession ; 3º contre un couple dont l'inconduite scandalisait tout le village. Comme ces remaniements successifs ont été faits avec maladresse, les débris des trois rédactions forment un imbroglio qui, en plusieurs endroits, devient tout à fait inintelligible (1).

Bref, l'incohérence de certaines farces est extrême et déconcertante. Tantôt l'ordre dans lequel le prologue annonce la succession des épisodes n'est pas celui où on les rencontre dans la pièce ; tantôt des épisodes annoncés manquent, et des épisodes non annoncés interviennent. Quelquefois le texte a subi des transpositions absurdes : ainsi, dans *Canico*, la scène où Salhatan reçoit l'assignation est transcrite avant celle où Canico décide qu'il assignera. Il y a même parfois des confusions plus extraordinaires encore : sans qu'on sache pourquoi, un personnage change brusquement de nom ou de profession dans le cours de la pièce. Mais l'excès même de telles absurdités plaide en faveur des auteurs primitifs, qu'il est impossible de supposer dénués à ce point de bon sens. Et ce qui prouve que ces auteurs ne sont pas responsables du gâchis, c'est que, quand une farce a eu la chance de subir peu de déformations, le texte en est quelquefois assez habilement agencé. Dans *Canico et Beltchitine*, par exemple, les remaniements n'empêchent pas de reconnaître une réelle ingéniosité de facture. Le sujet principal est comme encadré entre les premières et les dernières scènes de la satanerie, et les querelles drôlatiques de Satan et de ses serviteurs s'insèrent comme autant de petits intermèdes entre les divers épisodes de la mésaventure conjugale. Il résulte de cette disposition une sorte de rythme qui n'est pas sans agrément.

---

(1) Autre indice certain de remaniement. Assez souvent le remanieur, tenant à ne pas perdre quelques passages qu'il retranchait du texte primitif, a pris soin de les recopier, soit au commencement, soit à la fin de son cahier. Cf. *Canico et Beltchitine*, p. LI.

Un mot encore sur la versification et sur la langue des farces charivariques.

Elles sont écrites en versets, comme les tragédies, et cela est un fait qui mérite d'être signalé. En effet, dans la plupart des répertoires populaires, les pièces comiques sont presque toujours versifiées autrement que les pièces tragiques. En Toscane, par exemple, tandis que les *maggi*, pièces tragiques, sont en quatrains octosyllabes, la *zingaresca*, le *contrasto* et le *testamento*, pièces comiques, sont en quatrains composés de trois vers de sept syllabes et d'un vers de cinq syllabes, le second vers rimant avec le troisième, et le quatrième vers rimant avec le premier du quatrain suivant (1). Pour ce qui concerne la versification de leurs tragédies et de leurs comédies, les Basques se rattachent à la tradition de la littérature française du moyen-âge, où les vers des mystères et des farces étaient ordinairement les mêmes.

Dans les farces, l'usage accidentel de langues étrangères est beaucoup plus fréquent que dans les tragédies, et toujours ces langues y sont employées avec une intention satirique : c'est un jargon destiné à faire rire les spectateurs.

Les citations latines abondent dans les scènes judiciaires, et le substitut du procureur du roi, l'avocat du roi, l'avocat de l'accusé les font parfois dans un latin tellement barbare qu'on en vient à se demander si l'extraordinaire déformation des mots a pour cause la seule ignorance des copistes, ou si le pastoralier n'a pas voulu, comme Molière dans le *Malade imaginaire*, écrire sciemment du latin de cuisine (2).

Le français apparaît de temps à autre dans la bouche du juge, du greffier, de l'huissier ; mais ces hommes de loi sont les seuls qui l'emploient (1).

____

(1) Cf. Giannini, *Teatro popolare lucchese*, Préface, pp. XVI-XVII.

(2) On en trouvera plus loin des exemples.

(3) Il est donc un peu excessif de tirer de l'emploi de cette langue dans les comédies basques la conséquence qu'en tire A. Léon, p. 98, lorsqu'il dit que cela « semble parler en faveur de l'influence française sur la constitution de ce genre de pièces. » L'emploi du français par les gens de justice paraît avoir une cause spéciale et locale, que d'ailleurs A. Léon a indiquée aussi, à savoir qu'en Soule le français était la langue officielle.

Le béarnais est au contraire d'un emploi assez fréquent. Toute la farce de *Petit-Jean et Sébadine* est entremêlée de béarnais ; c'est dans un béarnais hybride que le barbier de *Malkus et Malkulina* dégoise ses vantardises, que la Jeanneton de *Méhalçu et Vénus* conte son fabliau obscène, etc.

L'espagnol, employé moins souvent qu'on ne s'y attendrait, semble attribué spécialement par les pastoraliers aux personnages peu dignes d'estime. Le géant Jutibal parle souvent en espagnol ; les Satans entrelardent volontiers de quelques mots d'espagnol, comme « caballeros » et « buedos dias, » leurs grossières fanfaronnades ; les vers espagnols sont nombreux dans la grivoise allocution que prononce le curé Belot pour le mariage du vieux Saturne et de la ribaude Vénus.

CHAPITRE III

La Représentation des Farces Charivariques

Aujourd'hui les farces se jouent à un moment quelconque de l'année, selon les circonstances qui les ont fait naître et selon l'occasion qui s'offre de les mettre à la scène. Mais on peut se demander s'il n'y eut point autrefois une saison où elles se jouaient de préférence, et si cette saison n'était pas la période du carnaval, période dont la licence devait être spécialement favorable aux bouffonneries de cette sorte. C'est un point sur lequel les inscriptions des manuscrits ne nous fournissent pas d'arguments probants; mais, a priori, cela paraît assez vraisemblable : car, selon Claude Noirot (1), les charivaris appartenaient « à la matière des jeux et railleries qui se met sur théâtre de carnaval. » Au surplus, quelques faits certains fortifient cette conjecture. Il n'est pas douteux que plusieurs farces charivariques ont été jouées avec des tragi-comédies de carnaval : *Planta et Eléonore* avec *Pansart, Pierrot et Charrot* avec *Bacchus, Malkus et Malkulina* avec *le Jugement de Mardi-Gras*. Notons encore que, dans *Jouanic Hobe et Arlaïta*, Jouanic Hobe est qualifié « fils du Pansart de l'année dernière », ce qui confère aussi à cette farce un caractère carnavalesque.

Mais n'insistons pas sur cette question préliminaire, et arrivons à la description des représentations.

Jusqu'à une date assez récente, les représentations purent se donner ouvertement. De nos jours, elles se donnent d'une façon qui est à la fois publique et clandestine. Il convient de considérer successivement l'un et l'autre cas.

---

(1) *Collection Leber*, t. IX, p. 50.

§ I. *Représentations données ouvertement.*

Avant la Révolution et longtemps encore après, les farces se jouèrent librement, sur un théâtre construit exprès pour cela. C'est ainsi que *Jouanic Hobe* fut joué le 27 octobre 1788, à Olhaïby, et *Canico* le 30 avril 1848, à Larribar. Mais, dans la seconde moitié du XIXe siècle, les autorités devinrent plus sévères, de sorte que ces grandes représentations se firent assez rares. Selon J. Héguiaphal, c'est vers 1895, à Sainte-Engrâce, que l'on essaya pour la dernière fois d'en donner une; mais l'arrivée soudaine des gendarmes coupa court à la fête. Il nous a donc été impossible de voir aucune de ces représentations ouvertes; néanmoins, à défaut d'observation directe, nous avons pu savoir à peu près ce qu'elles étaient, soit par les renseignements traditionnels que plusieurs personnes ont bien voulu nous fournir, soit par les didascalies des manuscrits et par l'*Instruccionia* (1).

Le théâtre était construit sur la place publique de la même manière que pour les tragédies : plancher posé sur des solives que supportaient des tonneaux mis debout, petit escalier d'accès devant la scène; pour toile de fond, des draps tendus sur lesquels étaient épinglées des fleurs et des guirlandes; deux portes, l'une à droite et l'autre à gauche. Une didascalie de *Boubane et Chillo-berde*, farce du XVIIIe siècle, prouve même qu'autrefois il y avait trois portes : car il est dit dans cette farce que la Justice « sort par le milieu. »

Le nombre des acteurs était, en moyenne, de quinze ou seize, y compris deux ou trois Satans.

A l'exception des Satans, qui portaient le brillant costume rouge des tragédies, tous les acteurs, hommes et femmes, étaient vêtus des habits de leur condition ; et, sauf dans les cas où le rôle exigeait le contraire, ces habits étaient ceux du dimanche.

---

(1) Nous avons publié le texte de l'*Instruccionia* dans *Canico et Bellchitine*, pp. 123-126.

Hommes. — Les bourgeois, en pantalon blanc, paletot et chapeau ; les paysans, en pantalon noir, veste noire et béret. L'*Instruccionia* spécifie qu' « ils ont tous une canne à la main. » Si, comme il arrive souvent, il y avait dans la pièce un curé, voici, d'après l'*Instruccionia*, quel était son costume : « des pantalons noirs, et, par dessus les habits, une belle chemise blanche ; une ceinture de soie rouge à la taille, une autre pendue au cou, sur la tête un bonnet carré, de sorte quelconque ; aux bras aussi, quelques rubans de soie. » Quant à l'acteur qui jouait le rôle du « sujet » charivarié, il devait autant que possible être le sosie de ce « sujet », lui ressembler par la coupe et par la couleur des vêtements, par la coiffure et par la chaussure, etc., si bien que toute l'assistance, en voyant l'acteur paraître sur la scène, reconnût aussitôt dans la copie le double de l'original. Cela était essentiel, puisque, en vertu d'une coutume qui a encore force de loi, le nom du « sujet » ne devait jamais être prononcé dans la pièce ; il fallait donc qu'à première vue l'accoutrement de l'acteur fit venir ce nom aux lèvres des spectateurs (1).

En outre, si le « sujet » était un cornard, l'acteur était abondamment décoré des insignes de la profession et portait, soit en collier, soit en bandoulière, un symbolique chapelet de belles cornes empruntées à des béliers ou à des bœufs.

Femmes. — Souvent il n'y en avait qu'une, et presque jamais il n'y en avait plus de trois dans une farce. En ce qui concernait le costume, deux cas étaient à considérer. S'il s'agissait de représenter sur la scène une femme acariâtre, qui avait battu son mari ou qui l'avait éloigné d'elle par son humeur désagréable, elle portait des cotillons sales et mal ajustés, était mal peignée, avait des mèches de cheveux qui s'évadaient de son mouchoir de tête, etc. S'il

---

(1) Selon Petit de Julleville, *Histoire,* t. II, p. 427, il en était souvent de même dans les farces françaises du moyen âge : « En général, on ne nommait personne ; mais combien de fois désigna-t-on clairement, par des allusions obscures pour nous aujourd'hui, probablement très précises pour les contemporans? »

s'agissait au contraire de représenter une gourgandine qui avait tramé de louches intrigues pour débaucher un homme marié ou pour séduire un vieillard, elle était attifée coquettement, peignée et pommadée avec soin ; et elle se pavanait dans une belle robe neuve, en tenant à la main un éventail.

La représentation des farces, comme celle des tragédies, était précédée d'une « montre » qui s'exécutait de la manière suivante. Tous les acteurs chevauchaient sur des ânes harnachés ridiculement, ornés de vessies, de grosses clochettes de brebis ou de vaches (1) ; et la burlesque cavalcade faisait le tour du village en grand désordre, avec force tapage et force cris, non sans avoir soin de défiler devant la maison des « sujets », si cette maison n'était pas trop éloignée du lieu où avait été construit le théâtre. D'ailleurs le cortège n'accomplissait devant cette maison aucune démonstration injurieuse et poursuivait son chemin sans s'arrêter.

Tels sont les renseignements traditionnels que nous avons recueillis dans la Soule sur la « montre »; mais ces renseignements concordent mal avec ce qu'on lit dans *Canico et Bellchitine* sur « la manière d'arriber au triate. » Car, d'après le texte de cette farce, le Courrier porteur du drapeau tricolore, le président du tribunal, l'avocat du roi, l'huissier et le barbier étaient à cheval; Sabant et Salhatan étaient à jument; les deux mendiants étaient à âne ; les « sujets » étaient dans une voiture à âne conduite par un postillon (Jupiter), porteur du drapeau rouge; Satan, Bulgifer et le géant Ferragus étaient à cheval, ce dernier assis à rebours sur sa monture (2).

La récitation du prologue, dont le cérémonial paraît avoir été le même que dans les tragédies, est mentionnée en ces termes par l'*Instruccionia* : « Derrière celui qui récite

---

(1) Au dire d'un vieil instituteur de pastorales, c'est à cette chevauchée préliminaire, faite sur des ânes par les acteurs, que convient proprement le nom *d'asto-lasterrak*.

(2) Voir *Canico et Bellchitine*, p. 3, 25, 35 et passim.

le prologue se met le domestique du médecin (1), avec un drapeau. »

L'*Instrucciona* décrit aussi l'« arrivée » de la troupe et les évolutions initiales sur la scène. « Quand le prologue est fini, tous arrivent à la file, descendent de cheval devant le théâtre, montent sur la scène au son de la marche des Chrétiens, et se rangent en bataille sur un côté du théâtre. Lorsque le dernier a gagné sa place, tous, sur un signe de Tuduk, partent en même temps et du même pas, et, parvenus à l'autre bout du théâtre, font ensemble demi-tour et s'arrêtent. Puis, comme à l'arrivée, ils repartent à la file, toujours le porte-drapeau devant et les autres derrière, jusqu'à l'extrémité droite du théâtre, où ils font sur eux-mêmes un tour vers la foule ; puis ils se retirent. »

D'ordinaire, les « sujets » n'arrivaient qu'un peu plus tard, et, selon une didascalie de *Canico*, voici quel était le cérémonial de leur arrivée : « Canico et Beltchitine descendent de carrosse et montent en grand triomphe sur la scène, tandis que le postillon agite son étendard. Musique. Ils se promènent sur le théâtre ; puis ils se retirent ».

Pour ce qui est de la diction, de l'action, et des jeux de scène, la différence n'était pas aussi grande qu'on pourrait le supposer entre les tragédies et les farces. Par exemple, l'articulation lente et forte du verset, l'habitude de marcher presque toujours en parlant, les manœuvres quasi militaires des acteurs, etc., étaient choses communes à l'un et à l'autre genre dramatique. Néanmoins il y devait avoir dans les farces un élément réaliste qui les distinguait des tragédies : puisqu'il s'agissait d'y représenter la vie de tous les jours, avec ses particularités, ses vices et ses ridicules, il fallait nécessairement que le jeu des acteurs eût du naturel, encore que ce naturel fût poussé à la caricature ; puisqu'on singeait les « sujets », il fallait nécessairement imiter leurs manières, leurs gestes, leurs tics, les intonations de

---

(1) Personnage de la farce de *Tuduk,* farce pour laquelle a été écrite l'*Instruccionia.*

leur voix; et, de l'aveu de tous ceux qui ont vu cette parodie, elle était l'agrément le plus piquant du spectacle.

§ II. *Représentations à la fois publiques et clandestines.*

La raison pour laquelle les représentations ouvertes fini-
rent par être interdites, n'est pas seulement le caractère
charivarique de ces farces. Elles ont souvent une gaillardise qui va plus loin que l'indécence et qui devient un
véritable outrage aux mœurs (1). Voici deux spécimens
des obscénités que l'on s'y permettait et que l'on s'y permet encore, lorsqu'on réussit à déjouer la surveillance de
la police.

La farce de *Pierrot et Charrot* montre deux époux couchés
dans un lit, sur le théâtre; et, comme le mari, malgré les
avances très significatives de sa femme, refuse obstinément d'accomplir le devoir conjugal, celle-ci, furieuse, le
jette hors du lit à coups de pied.

En 1909, à Ordiarp, dans une de ces représentations à la
fois publiques et clandestines dont nous allons parler, on
vit une femme accoucher sur la scène d'une poupée
qu'on lui retira de dessous les jupes; l'homme coupable de
cette naissance illégitime fit sa confession publique à un
prêtre, dans un langage plus que libre; et le prêtre l'admo-
nesta et lui donna l'absolution en termes non moins grave-
leux ; après quoi, l'homme fut châtré sous les yeux des
spectateurs, et celui qui accomplit l'opération jeta en l'air
un bout de corde représentant l'organe criminel (2).

Les bonnes raisons ne manquent donc pas pour que les

---

(1) Selon Vander Straeten, t. I, pp . 26, 244, 252 et passim, il en était de
même pour les farces flamandes, dont le langage était si effronté et la pan-
tomime si licencieuse qu'on finit par les interdire.

(2) Cette scène dégoûtante est en quelque sorte traditionnelle dans les chari-
rivaris basques. Cf. ci-dessus, pp. 45-46, ce que nous avons rapporté de la pa-
rade charivarique jouée à Sare vers 1830. — Il ne faut pas trop s'étonner de
ces grossièretés qui choquaient beaucoup moins nos pères que nous : car on
a vu autrefois l'équivalent, même dans des pièces jouées pour l'édification
des spectateurs. C'est un viol accompli sur la scène qui sert de pivot
dramatique au mystère breton de *Sainte Nonne*; et, dans celui des *Trois-
Rois*, on voit la Vierge accoucher sous les yeux du public. (Le Goffic, p. 268.
Cf. Cohen, p. 269.)

autorités interdisent la représentation de ces farces : ni la loi ni les convenances ne permettent de bafouer ainsi les gens sur la place publique et d'étaler ces tableaux orduriers sous les yeux d'une population tout entière. Si donc un « instituteur de pastorales » osait demander aujourd'hui l'autorisation de jouer une farce charivarique, il se heurterait nécessairement à un refus.

Les farces auraient donc été vouées à une inévitable mort si l'astuce des Basques n'avait imaginé pour elles, comme pour les « parades », un subterfuge qui réussit à tourner, de temps à autre, les prohibitions officielles. Lorsque la jeunesse d'un village s'est mis en tête de jouer une de ces farces, elle adresse au sous-préfet, par l'intermédiaire du maire, une demande d'autorisation en apparence très innocente : il ne s'agit que de représenter une tragédie hagiographique, comme *Saint Jean Guérin*, ou une tragédie chevaleresque, comme *Roland*, ou une tragi-comédie de carnaval, comme *Pansart*. Mais, quand le sous-préfet a accordé l'autorisation, on ajoute à la tragédie ou à la comédie le texte de la farce (2).

En pareil cas, la tragédie ou la comédie sont souvent très abrégées et ne servent qu'à masquer la pièce défendue. C'est ce que donne à entendre le prologue de *Saturne et Vénus*, farce jouée avec la tragédie de *Judith et Holopherne*; et c'est ce que déclare expressément le prologue de *Petitun et Petik-huni*, farce jouée avec *Astyage*, dans les trois versets que voici :

Mais vous devez être déjà ennuyés de ce qui précède (brève analyse d'*Astyage*), je suppose.

Je vais vous dire deux mots de notre divertissement d'aujourd'hui. Je ne parlerai plus de l'histoire ancienne.

Laissons les rois chez eux, et permettez que je revienne aux affaires de cette ville.

D'ailleurs, même si le pastoralier ne nous avait pas fait connaître ses intentions réelles, nous n'aurions eu aucune

____

(2) Voir à la fin du chapitre la Note complémentaire A. sur le fréquent mélange d'une pièce sérieuse et d'une farce dans l'ancien théâtre français.

peine à les deviner : car il n'a recopié dans son cahier que quelques scènes de la tragédie, tout juste ce qu'il fallait pour encadrer la farce.

Sans doute, pour que cette ruse naïve réussisse, il faut que tout le monde y mette un peu de bonne volonté; mais nous avons déjà dit que la bonne volonté ne manque jamais, au moins chez le public, et les autorités elles-mêmes consentent volontiers à se laisser tromper.

Les farces charivariques destinées à être incorporées dans une autre pièce sont ordinairement assez courtes et ne comptent pas plus de cinq ou six personnages (1). Expliquons de quelle manière le pastoralier procède à l'incorporation.

Il y a pour cela trois procédés, que nous désignerons par les mots insertion, dissémination et fusion.

L'insertion, qui est le procédé le plus simple et le plus souvent employé, consiste à intercaler la farce tout entière dans un certain endroit de l'autre pièce, soit au commencement, soit au milieu, soit à la fin. La farce d'*Ardealina et Ludovina* est insérée dans *Alexandre* entre le dernier verset du prologue et le premier de la tragédie (2), à la façon d'un lever de rideau (3) ; celle de *Petit-Jean et Sébadine* au milieu de *Richard sans peur*; celle de *Petilun et Petikhuni* dans *Astyage*, entre le dernier verset de la tragédie, et le premier de l'épilogue.

La dissémination consiste à couper la farce en fragments que l'on éparpille au hasard dans l'autre pièce. C'est ainsi que la farce de *Pierrot et Charrot* a été disséminée dans la

---

(1) Voir à la fin du chapitre, note complémentaire B, la liste des mélanges de pièces faits par les pastoraliers.

(2) Dans le ms. de la collection Campan, la farce d'*Ardealina* est écrite sur un petit cahier spécial de 5 feuillets, rajouté après coup; et le copiste, en faisant le compte des versets d'*Alexandre*, n'a pas compté ceux d'*Ardealina*. Ces particularités matérielles prouvent que les farces insérées dans une tragédie continuent à être considérées par les pastoraliers comme des pièces distinctes.

(3) Au dire de A. d'Ancona, t. I, pp. 385-387, cela se rencontre aussi dans les *sacre rappresentazioni*, où une *frottola*, c'est-à-dire une petite farce, est souvent intercalée entre le prologue et le commencement de la pièce.

tragi-comédie de *Bacchus*. Il résulte de ce mélange une extravagante incohérence; mais cela n'a aucun inconvénient, puisque les spectateurs savent tous de quoi il retourne et comprennent à merveille cet incompréhensible méli-mélo.

La fusion est un procédé plus ingénieux : il s'agit bien encore d'entremêler deux pièces différentes ; mais le dramaturge essaie de les rattacher l'une à l'autre. Le seul fait de concevoir un tel dessin suppose un certain goût, une certaine finesse d'esprit.

Nous croyons apercevoir un premier et très modeste indice de cette intention littéraire dans quelques traits ridicules que les pastoraliers ajoutent parfois à la tragédie où ils incorporent une farce. Par exemple, dans *Astyage* (Bayonne, n° 51), à propos du père du camarade que le jeune Cyrus fait fouetter, on lit ce verset qui, bien entendu, ne se trouve pas dans les autres textes de cette tragédie :

Ce seigneur, qui était probablement un grand âne, alla demander justice au roi Astyage.

Et dans *Hélène* (Bordeaux, n° 37), on n'est pas peu surpris d'entendre l'archevêque dire aux fils d'Hélène :

Allons nous reposer et voir si l'on nous donnera un coup à boire à chacun.

Des traits burlesques de cette sorte avertissent aussitôt le public que la tragédie n'est pas jouée sérieusement.

Un second indice, modeste encore, est le soin malicieux que semblent avoir pris plusieurs pastoraliers de choisir, pour y incorporer la farce, une tragédie qui ait avec celle-ci quelque lointaine analogie de sujet. Ainsi la farce de *Malkus et Malkulina*, dont les héros charivariques sont d'abominables débauchés, a été insérée dans la tragédie de *St Jean Guérin*, dont le héros hagiographique a violé Richilde. Ainsi encore la farce de *Saturne et Vénus* a été insérée dans la tragédie de *Judith et Holopherne*, ce qui permet au pastoralier, en parlant de la démarche scabreuse que le patriotisme inspire à Judith, d'appliquer la

même sentence nerquoise à la libératrice de Béthulie et à
la gourgandine de Pagolle :

Comme les femmes sont malignes ! Lorsqu'elles se sont mis
quelque chose en tête, il n'est rien dont elles ne puissent venir à
bout.

Enfin, si le pastoralier possède le sens de la bouffonnerie,
il tâche de souder la tragédie et la farce assez intimement
pour que, dans une certaine mesure, les deux pièces semblent n'en faire qu'une. N'est-ce point déjà pour opérer
cette union, que, dans la farce d'*Ardealina et Ludovina*,
jouée avec la tragédie *d'Alexandre*, le nom donné à la fille de
mauvaise vie est le même que celui de la sage princesse ?

Dans *Planta et Eléonore*, farce jouée avec *Pansart*, le
pastoralier, pour fondre les deux pièces, a imaginé de
donner Pansart comme amant à Eléonore; mais il n'a
su réaliser que très imparfaitement cette tentative de
fusion, et dans la majeure partie du développement la
tragi-comédie et la farce demeurent indépendantes.

L'union est bien plus étroite entre la farce de *Recoquillard et Ariéder* et la tragédie de *Roland*, jouées ensemble. Cette fois, les personnages de la tragédie, Chilpéric,
Sicambrius, les Paladins, engagent des conversations avec
les personnages de la farce, leur donnent des conseils, leur
adressent des reproches, etc. Mais c'est surtout dans la
farce de *Jouanic Hobe et Arlaïla*, jouée avec la tragédie de
Saint Louis, que la fusion est à peu près complète. En effet
la seconde partie de cette farce prend la forme d'une sorte
de parodie des pastorales tragiques. C'est le roi Agramont
qui a mission d'arrêter Jouanic Hobe, le mari battu; mais,
après l'arrestation, toute la Famille du battu, Frère, Parent,
Valet, se coalisent contre ce roi-gendarme et lui enlèvent
de vive force son prisonnier. N'est-ce pas, en somme, de la
même esthétique que procèdent les opéras bouffes d'Offen-
bach?

Il y a même des cas où il est presque impossible de
discerner si tels ou tels épisodes de la tragédie ne cachent
pas des sous-entendus charivariques. Par exemple, dans

Saint Abraham ermite, le pastoralier a ajouté aux personnages de la légende un certain Lerat, intendant du prince de Londres, et une certaine Rucila (Lucile). Lerat, qui courtise et débauche successivement Marie, nièce de l'Ermite, et la dite Rucila, ne serait-il pas quelque don Juan de village charivarié dans cette pièce hagiographique? Et Rucila, qui d'abord s'est livrée à « un vilain vigneron », puis se laisse séduire par Lerat, et finalement se réfugie dans une maison de prostitution, n'a-t-elle pas l'air d'être tout autre chose qu'une figure de fantaisie? Un semblable doute se présente encore à l'esprit pour deux autres personnages de la même tragédie, Léandre et Isabelle (1).

Notons enfin, à propos de ces mélanges de pièces, une particularité que nous n'avons rencontrée qu'une seule fois. Le prologue de la farce de *Malkus et Malkulina*, jouée avec la tragédie de *Saint Jean Guérin*, présente une curieuse exception à la règle qui veut qu'au théâtre basque un prologue soit récité tout entier par un seul acteur. Cette fois, deux acteurs se sont partagé la tâche. Le premier, après avoir résumé de la façon habituelle, mais très brièvement, le sujet de la tragédie, s'interrompt soudain et dit :

Permettez-moi, bonnes gens, de me reposer un peu, et permettez que ce Monsieur ici présent prenne la parole à ma place.

Il a aussi quelque chose à vous dire, Messieurs et Mesdames, et je vous assure que vous ne vous ennuierez pas.

Sur quoi le second acteur reprend :

Ce Monsieur ne veut pas se fatiguer : c'est un paresseux qui se plaît à ne rien faire.

----

(1) Dans bien des cas, et même lorsqu'il y a eu seulement « insertion » ou « dissémination », sans « fusion », des copistes et des pastoraliers se sont trouvés dans l'embarras et ont [commis de bizarres erreurs, les premiers en incorporant complétement une farce dans la copie nouvelle d'une autre pièce, les seconds en faisant jouer le tout sans s'apercevoir qu'ils faisaient jouer à la fois deux pièces différentes. C'est ainsi que la farce d'*Ardealina et Ludovina* a été incorporée dans presque tous les manuscrits d'*Alexandre*, et celle de *Planta et Eléonore* dans tous ceux de *Pansart*. Et c'est encore ainsi qu'en 1914, à Laguinge, Burguburu a fait jouer avec *Astyage* le drame de *Dorimène*, qui s'y trouve mêlé à la façon d'un *astolasterrak*. Lorsque nous fîmes observer à Burguburu que *Dorimène* était une pièce distincte d'*Astyage*, il en fut surpris et nous dit qu'il regrettait de ne l'avoir pas su plus tôt : car la mise en scène de *Dorimène* l'avait beaucoup gêné, et la représentation avait été trop longue.

Mais je vais, moi, vous continuer l'histoire : car il n'a pas dit la moitié de ce qu'il fallait.

Vous avez entendu, bonnes gens, l'explication de l'un des sujets que nous allons représenter ; mais il y a encore d'autres belles affaires, etc...

Et il expose le sujet de la farce. Pourquoi cet insolite partage du prologue entre deux récitateurs, dont l'un ne débite que quelques versets sur la tragédie, tandis que l'autre s'étend longuement sur la farce? Le pastoralier a-t-il voulu éviter, par respect pour la légende religieuse, de mettre dans la même bouche l'histoire édifiante du saint et les aventures scandaleuses de Malkus et de Malkulina? Ou a-t-il voulu faire entendre à l'assistance que l'histoire du saint n'est qu'un prétexte et que l'objet essentiel de la représentation est le charivari?

Il est facile maintenant de comprendre l'état bizarre, signalé à la fin du précédent chapitre, dans lequel nous sont parvenus beaucoup de textes charivariques. Ces textes étaient blottis dans d'autres pièces comme dans des cachettes. Et voilà pourquoi tous les érudits qui, jusqu'à ce jour, se sont occupés du théâtre basque, ont méconnu le véritable caractère de ces farces et les ont considérées comme de simples intermèdes comiques, destinés à égayer les longues et monotones tragédies (1). C'est à cette circonstance que nous devons la conservation de onze farces, soit que les propriétaires des manuscrits n'aient pas voulu détruire les tragédies auxquelles les farces avaient été incorporées, soit qu'ils aient oublié dans les cahiers les feuilles volantes qui y avaient été intercalées çà et là.

Il va de soi que, quand on se propose de jouer furtivement une farce charivarique sous le couvert d'une autre pièce, on ne donne pas d'avance une grande publicité au projet, toujours un peu scabreux, d'offrir aux gens de son

---

(1). Lorsqu'une farce est dissimulée dans une comédie ou dans une autre farce, le mélange est plus difficile à reconnaître que lorsqu'elle est jointe à une tragédie. C'est pour cela que J. Vinson, qui a donné une analyse détaillée de *Pansart*, ne s'est point aperçu que *Planta et Eléonore* est une autre pièce qui s'enchevêtre à la comédie de carnaval.

village ce divertissement interdit par la police. C'est pourquoi, malgré notre vif désir d'assister à une de ces représentations, nous n'avons jamais obtenu d'être averti assez tôt pour pouvoir nous rendre en temps opportun dans le lieu, ordinairement écarté, où se préparait ce spectacle illicite.

Ce n'est point à dire que les représentations soient devenues rares. M. le sous-préfet de Mauléon se trompait lorsqu'il nous écrivait en 1903 : « Il y a fort longtemps que, dans la Soule, on ne voit plus de telles représentations. » Il est hors de doute, au contraire, que, grâce au subterfuge décrit plus haut, on a joué encore des farces charivariques vers 1892 à Athérey, vers 1894 à Larrau, vers 1897 à Pagolle, en 1898 à Chéraute, vers 1899 à Barcus, en 1901 à Sainte-Engrâce, en 1903 à Abense-de-Haut, vers 1904 à Uhart-Mixe, en 1905 à Garindein, en 1906 à Lambare, en 1909 à Ordiarp, etc. Et il est probable que cette liste de représentations récentes est incomplète.

Voici une particularité curieuse de la dernière représentation donnée à Sainte-Engrâce. Quelques jours auparavant, pour annoncer le spectacle, des gens allaient réciter de maison en maison et de village en village les deux couplets suivants :

Si ou boules créde
Aqueró qu'ey bertat,
Igantian diróte.
Astolasterac.

Barda entsun dissut
Berri. triste bat
Emaztec dutiela
Zaflatzen senharrac (1).

(1). Traduction :
« Si tu veux le croire, — cela, c'est la vérité. — Dimanche il y aura — des astolasterrac.
« Hier j'ai entendu — une triste nouvelle, — à savoir que par leurs femmes — sont battus les maris. »
(Recueilli par M. Saroïhandy en 1915, au village de Sainte-Engrâce, de la bouche de dame Margarita, 70 ans.)

Pourquoi cette annonce se faisait-elle en patois béarnais?
Nous l'ignorons.

En ce qui concerne le costume, l'action, et la diction, les
personnages des petites farces jouées clandestinement doivent être restés à peu près semblables à ceux des grandes
farces qui se jouaient sans feinte. Mais la « montre » et le
cérémonial des arrivées ont nécessairement perdu une grande partie de leur originalité propre, et, dans l'ensemble, la
représentation a sans doute beaucoup moins de caractère
qu'autrefois. En somme, si nous n'avons pas eu la chance
d'assister à l'une de ces représentations furtives, peut-être
n'avons-nous pas lieu de le regretter beaucoup.

NOTES COMPLÉMENTAIRES

(a)

Mélange d'une tragédie et d'une farce. — Ce mélange, si
contraire à nos habitudes dramatiques d'aujourd'hui, paraît moins étonnant si l'on se souvient que le théâtre du
moyen âge en offre de nombreux exemples. Dans le « mira-
cle » de Ste *Geneviève*, dans les « histoires » de St *Eloi*, de S^{te}
Marguerite, de St *Sébastien*, etc., et même le grand mystère
de la *Passion*, il y a des intermèdes comiques, sans aucun
rapport avec le sujet traité. Tantôt ces intermèdes sont de
véritables farces, comme dans le mystère de *Saint Fiacre*
où, entre la mort et la canonisation du saint, les spectateurs
assistent à la lutte d'un brigand et d'un sergent, à la con-
versation de deux commères battues par leurs maris, aux
doléances d'un vilain qui se plaint d'avoir perdu sa mati-
née parce que le curé a été trop long à dire la messe. Tantôt
ce sont des espèces de monologues bouffons, comme dans le
mystère des *Trois Rois* où un paysan égaye l'assistance
par son charabia languedocien et ses quolibets. Tantôt
c'est le « Sot » qui, comme dans le mystère de la *Vie de
Jésus-Christ*, vient interrompre l'action en improvisant des
joyeusetés satiriques. Tantôt c'est le « Fou » qui, comme

dans le mystère de *Sainte Barbe,* s'avance tout à coup sur la scène et, selon l'inspiration du moment, débite au public d'extravagantes incohérences qui provoquent des éclats de rire.

Naturellement le théâtre populaire ne s'est pas privé de ce moyen de rendre « moins fades » (1) les drames édifiants et même héroïques. Par exemple, les « rhétoriciens » flamands intercalaient souvent dans leurs tragédies des intermèdes risibles, tout à fait étrangers aux sujets de ces tragédies.

(b)

Voici la liste à peu près complète des mélanges faits par les pastoraliers pour les farces dont nous possédons les textes :

Malkus et Malkulina joués avec la tragédie de *Saint Jean Guérin* et avec la tragi-comédie du *Jugement de Carnaval.*

Pierrot et Charrot joués avec la tragédie de l'*Enfant prodigue* et avec la tragi-comédie de *Bacchus.*

Petitun et Petik-huni joués avec les tragédies d'*Astyage,* de *Dorimène* et de *Roland.*

Jouanic Hobe et Arlaïta joués avec la tragédie de *Saint Louis.*

Ardealina et Ludovina jouées avec la tragédie d'*Alexandre.*

Petit-Jean et Sébadine joués avec la tragédie de *Richard sans peur.*

Saturne et Vénus joués avec la tragédie de *Judith et Holopherne.*

Planta et Eléonore joués avec la tragi-comédie de *Pansart.*

Bala et Vilota joués avec la farce de *Jouanic Hobe et Arlaïta.*

Recoquillard et Ariéder joués avec les tragédies de *Clovis* et de *Roland.*

---

(1) C'est la raison franchement avouée par l'auteur du miracle de *Sainte-Geneviève.* (Petit de Julleville, t. II, p. 271.)

CHAPITRE IV

Moralité des Farces Charivariques.

Ces farces, étant donnés les sujets qu'elles traitent, sont nécessairement grossières et licencieuses ; mais il n'en est pas moins vrai qu'elles poursuivent un but honnête, tendent à maintenir l'austérité des mœurs et le respect de la famille. Dans *Recoquillard*, il est dit expressément que la pièce a pour objet de censurer et de punir « ceux qui ont une conduite obscène et qui sont les corrupteurs du village». Etablissons d'abord la liste des méfaits qui relèvent de la justice charivarique.

D'après les dix-sept farces dont nous possédons les textes complets ou partiels, l'*asto-laslerrak* stigmatise les mères indignes qui favorisent le libertinage de leurs enfants ; les filles qui se livrent après le bal à leurs amoureux et qui essaient ensuite de circonvenir un nigaud ; les garçons qui séduisent la servante de leurs parents, puis l'abandonnent pour épouser une héritière ; les maris qui entretiennent des maîtresses, ceux qui tremblent devant leurs femmes, ceux qui, malthusiens sans le savoir, limitent volontairement le nombre de leurs rejetons ; les femmes qui accouchent après quatre mois de mariage, celles qui battent leur mari, celles qui le trompent avec le domestique de la maison, celles qui se divertissent au dehors avec des amants ; les pères débauchés qui donnent le mauvais exemple à leur fils ; les fils indociles qui manquent de respect à leur père et qui osent même lever la main sur lui ; les veufs qui convolent en secondes noces et les barbons qui épousent des jouvencelles ; les ribaudes qui entreprennent de se faire épouser par un vieillard ou de capter son héritage.

Par conséquent, quelle que puisse être la trivialité de ces farces, il est manifeste que la morale dont elles s'inspirent est irréprochable ; et, si l'on cherchait à en définir les principes, on pourrait, ce semble, les résumer dans les trois formules suivantes : 1° devoir pour l'homme de se marier par raison et non par passion sensuelle ; 2° devoir pour la femme de rester toujours soumise à l'autorité maritale ; 3° défense aux veufs de prétendre à un second mariage.

1° Au Pays-Basque les mœurs, ne sont pas, dit-on, plus austères qu'ailleurs. Les jeunes gens et même les hommes mariés y font, comme partout, leurs fredaines ; et, s'il faut en croire le proverbe, « les filles y ont la cuisse chatouilleuse et dix.hommes ne suffisent pas à une femme » (Oïhénart, n°ˢ 204 et 356.) Mais cela n'empêche pas qu'on s'y fait du mariage une idée qui a sa grandeur : car on l'y considère, non comme un moyen légal de satisfaire ses appétits, mais comme une institution garantissant la perpétuité de la famille et la pureté de la race (1).

Si l'objet essentiel du mariage n'est pas de satisfaire les désirs amoureux, la qualité essentielle d'une épouse n'est pas non plus d'être belle. « Choisis ta garce pour sa beauté et ta femme pour sa bonté », dit encore le proverbe (Oïhénart, n° 350.) Très souvent, après que la passion s'est assouvie, le mariage d'amour aboutit à une vie de douleur, surtout de notre temps où les vertus domestiques deviennent rares chez les filles qui ne savent plus ni préparer les repas, ni raccommoder les vieilles hardes, ni manier la quenouille et le métier à tisser, mais ne sont que trop dégourdies quand il s'agit de faire toilette ou d'aller au bal (2). Ce serait donc une dangereuse sottise de se laisser séduire par un joli minois et par une coquette parure. Ecoutez plutôt les conseils du barbier, dans *Satumne et Vénus* :

Je m'adresse à vous, jeunes gens. Ne choisissez pas vos femmes sur la place.

Là, direz-vous, elles sont si agréables ! Oui, mais à la maison elles vaudront beaucoup moins.

______

(1). Fr. Michel avait déjà fait observer, p. 222, que le peuple basque est « très jaloux de la pureté de son sang ».

(2) Cf. Vinson *Folk-lore*, p.177, chanson sur « Quelques jeunes filles d'aujourd'hui ».

Sur la place, elles ont plaisante apparence, parcequ'elles sont bien habillées et que leurs cheveux luisent de pommade.

Une fille comme celle-là sera bonne pour passer une nuit avec elle ; mais aux champs, avec une pioche, elle ne vaudra plus grand'chose...

En somme, le meilleur juge des qualités d'une épouse, ce n'est pas le garçon à marier, que trop souvent l'amour aveugle ; ce sont ses parents, plus clairvoyants que lui parce qu'ils ont plus d'expérience . «Paroles vieilles, paroles sages » (Vinson, n° 180.) C'est donc aux parents qu'il appartient d'arranger le mariage de leurs enfants ; et, par le fait, c'est ainsi que, dans la majorité des cas, les choses se passent en Pays basque. Les garçons y craignent trop leur père pour oser s'insurger contre sa volonté. Quant aux filles, elles n'ont presque jamais le caractère romanesque, écoutent volontiers la voix de la raison et acceptent sans peine le mari qu'on leur destine.

D'autre part, comme il est malaisé de connaître à fond les personnes avec lesquelles on n'a pas longtemps vécu, il est prudent de ne prendre femme que dans son propre village (1). « Qui va loin se marier, ou il est trompé, ou il va tromper » (Oïhénard, *Supplément*, n° 675.) Sans doute cette règle comporte des exceptions, mais en général un étranger ou une étrangère doivent être tenus pour suspects (2).

---

(1) Cf. Fr. Michel, pp. 199-200. « Autrefois, en Pays Basque, on n'aimait pas à s'allier aux étrangers... On s'unissait de Basque à Basque, par conséquent de catholique à catholique. C'était presque une loi du pays. Il y avait même des localités dans lesquelles on se serait gardé d'aller chercher au dehors un époux ou une épouse. De là encore des paroisses dont toutes les familles sont unies par la parenté. Aujourd'hui, cependant, on se marie partout où on trouve son avantage. Il n'y a guère plus de distinction en ce sens entre Basques, Gascons Béarnais, etc. »

(2) Les Basques ont une disposition à mépriser tous les étrangers, y compris leurs voisins immédiats. Dans *Bala et Vilota*, une femme qui se dispute avec son mari l'appelle « Béarnais de l'enfer» et lui reproche d'avoir les jambes cagneuses, ce qui n'est pas un mince défaut dans un pays où tous les hommes ont d'admirables jambes de coureurs. Voir aussi dans Vinson *Folk-lore*, pp. 187-188, la chanson intitulée «les Gascons ». Quant aux Espagnols, très nombreux dans la vallée de la Soule où il en vient chaque année environ 2.000 pour travailler pendant l'hiver à la fabrication des sandales, ils sont si mal vus que la plupart des jeunes Basques ne voudraient pas prendre pour maîtresse une Espagnole, fût-elle jolie, ou du moins ils s'en cacheraient. En ce qui concerne les Anglais, on ne les connaît guère, mais on se moque volontiers de l'accent qui rend leurs paroles inintelligibles, et, quand un homme ivre bredouille, on dit qu'il est « devenu Anglais ».

Cette défiance à l'égard du formariage s'est traduite dans la Soûle par un usage probablement très ancien qui se pratique encore aujourd'hui, quoiqu'il tende à disparaître. C'est ce que l'on appelle « mettre la ronce ». Lorsqu'un jeune homme vient se marier et s'établir dans un village qui n'est pas le sien, il doit se soumettre à une cérémonie spéciale et acquitter une sorte de droit d'adoption. Le jour de la noce, les garçons du lieu montent la garde près de la porte, ordinairement flanquée de deux petits piliers, par où l'on accède à l'église après avoir traversé le cimetière. Dès que le cortège nuptial approche, deux des gardiens se postent près des piliers, et, tenant chacun dans une main les extrémités d'une longue ronce à laquelle ont été enroulés des rubans de couleur, ils l'élèvent en forme d'arceau au-dessus de la porte, tandis qu'avec l'autre main ils tendent une ceinture de couleur qui barre l'entrée. Au sommet de l'arceau formé par la ronce est suspendue une couronne de fleurs fraîches, et dans le cercle de cette couronne se balance un petit bouquet de fleurs artificielles. Ainsi, quand le « parrain du mariage », qui marche en tête du cortège, arrive à la porte, il la trouve barrée par la ceinture, et les « gardiens de la ronce » ne la lui ouvrent qu'après qu'il leur a donné une pièce de cinq francs. Dès que la pièce est donnée, un des garçons tire un coup de fusil pour « couper la ronce »; à ce signal, la ceinture tendue se lève et le premier couple d'invités passe dessous. Puis la ceinture se rabaisse, et chacun des couples suivants n'obtient le libre passage qu'à condition de payer à son tour une redevance, qui, pour eux, n'est plus que de quelques sous. Au fur et à mesure que les couples passent, les garçons les invitent à boire un verre de vin. Enfin, quand la mariée, qui marche la dernière, se présente à la porte, les gardiens de la ronce détachent le bouquet de fleurs artificielles et le lui offrent. — Si c'est une jeune fille qui se formarie, les choses se passent de la même façon, avec cette seule différence que se sont les filles du

village qui « mettent la ronce » et qui font payer la redevance (1).

2° Revenons à la morale des farces charivariques. Dans
un ménage, le mari et la femme doivent collaborer loyale-
ment à ce qui est le véritable but de l'union conjugale,
c'est-à-dire à faire prospérer la maison par le travail, par
l'économie, et à assurer la perpétuité de la famille par la
procréation des enfants. Tous les vices contraires à ce double but, paresse, gourmandise, ivrognerie, malthusianisme,
adultère, doivent être sévèrement proscrits. Mais la plus
grave des infractions à l'ordre domestique, celle que la réprobation publique poursuit avec la plus implacable rigueur,
parce qu'elle est souvent le germe de tous les autres maux,
c'est la révolte de la femme contre l'autorité maritale.
« Qui mari a, seigneur a » (Oïhénart, n° 406). C'est donc pour
l'époux une stricte obligation de ne pas laisser péricliter
sous son toit le principe sacré en vertu duquel « le mari est
le seigneur de la femme. » Ce principe est la loi fondamen-
tale de la famille, et non seulement l'homme qui
l'oublie manque à ce qu'il se doit à lui-même, mais encore, par le mauvais exemple qu'il donne, il se rend coupable d'une sorte de trahison envers la communauté tout
entière. On lit dans le prologue de *Jouanic Hobe et Arlaïa*
cette admonestation adressée au public :

Ceux d'entre vous qui êtes mariés, gardez-vous bien de laisser
vos femmes prendre sur vous l'avantage :

Car, si elles vous posent une fois le grappin dessus, elles ne ces-
seront plus de se pendre à vos cheveux.

Si Jouanic avait eu le moindre sentiment de sa dignité, il n'aurait pas toléré l'insolence de la sienne.

Ceux qui ont peur de leur femme ne sont pas des hommes.

D'ailleurs, comme la femme est naturellement un ani-
mal fantasque et malicieux, il n'y a pas lieu de s'étonner si,

---

(1) A Montory, c'est encore la coutume de faire payer un droit aux personnes du dehors qui se marient dans la commune ; mais l'usage symbolique de la ronce et de la ceinture n'y existe plus. Voir à la fin du chapitre
une Note complémentaire sur des usages analogues.

parfois, « faisant la forte tête », elle a la velléité de se ré-
volter contre son mari ; et, somme toute, le mal n'est pas
bien grand lorsque c'est finalement son mari qui la rosse.
Mais ce qui est intolérable, c'est qu'il y ait « des hommes
assez ânes pour se lai»ser battre par leurs femmes » (*Canico et Beltchitine*, p. 71). La « mauvaise action », ce n'est pas
d'échanger quelques horions; c'est que « la femme ait le
dessus ». Le désordre vraiment scandaleux, la « guerre
civile », la « révolution plus effrayante que celle de Paris »,
c'est qu'elle se croie en droit de commander à la maison,
d'obliger son mari à faire les besognes ménagères, à balayer
le lavoir, à préparer les sarments pour la lessive (1), etc.,
et que, s'il ne se soumet pas, elle ait l'audace de lever la
main sur lui sans qu'il lui rende les coups avec usure.

3º Les remariages de veufs sont l'objet d'une animosité
tellement véhémente qu'on en vient à se demander si, en
Pays basque, la proportion ordinaire des filles et des garçons n'est pas en raison inverse de ce qu'elle est dans les
autres pays, et si les femmes n'y sont pas en trop petit
nombre pour les hommes. Le prologueur de *Malkus et
Malkulina* s'écrie avec indignation :

Les veufs se marient deux fois, tandis que les jeunes gens ne
peuvent pas même se marier une fois.

Est-il possible que, dans de telles conditions, nous restions bouche close ? (2)

Le remariage paraît donc une chose inique. Mais le veuf
qui convole en secondes noces n'est pas considéré seulement comme un accapareur, comme un spoliateur; on l'accuse aussi de dévergondage, de basse lascivité, et la femme
même qui l'épouse partage à son égard la répulsion générale. L'héroïne de *Saturne et Vénus* déclare au maire :

------

(1) Cf. la célèbre farce du *Cuvier*, où la femme de Jacquinot, mégère
acariâtre, a fait écrire un « rolet » des besognes qu'elle impose au pauvre homme.

(2) Voir aussi, à la fin du chapitre sur les « parades », un passage de l'« ou-
verture » de celle qui fut donnée à Hélette en 1848.

Monsieur, mon mari est un veuf, et vous pouvez croire que je ne l'aurais pas pris si j'en avais trouvé un autre.

Pour se marier avec un veuf, il faut avoir grand besoin de mariage.

Etrange peuple que les Basques ! Cette colonie mystérieuse, venue on ne sait d'où, qui apparaît dans l'histoire au temps d'Annibal et qui pourtant n'a pas d'histoire ; ces montagnards dont les pierres tombales, en forme de disques, portent des figures où l'on a cru reconnaître les emblèmes phéniciens du Soleil, de la Lune, des Etoiles (1), mais qui manquent de légendes à eux propres ; les Basques, dis-je, qui ne savent absolument rien de leurs lointaines origines, n'en conservent pas moins, profond et indestructible, le sentiment jaloux de leur race. Ils ont des passions ardentes ; mais, ressemblant en cela aux Juifs et aux Arabes, ils exigent que leur lignée soit préservée de toute souillure. Aussi la femme basque, considérée surtout comme l'instrument par lequel se perpétue la famille, ne jouit que d'une liberté restreinte et n'a guère d'autorité effective, même sur ses enfants ; le mariage fait d'elle la chose de son mari, et son premier devoir est l'obéissance. Tant qu'elle est soumise, tant qu'elle s'adonne silencieusement aux travaux de la maison, on la laisse en paix ; mais, si elle ose tenir tête à son époux, le village entier proteste, non seulement contre elle, mais encore contre le lâche époux qui ne réprime pas cette révolte.

N'attendez du paysan basque ni les inquiètes aspirations vers les réformes sociales, qui tourmentent certains peuples comme une fièvre, ni les rêveries poétiques et métaphysiques, qui ont été pour les Hindous, pour les Persans, pour les Hellènes une véritable hantise. Ce conducteur de bœufs, ce pâtre qui passe le tiers de l'année dans les solitudes de la haute montagne, ce cultivateur dont la maison blanche s'isole dans l'ombre des vieux châtaigniers, au fond d'une gorge humide, sont des gens très prosaïques qui ne

____

(1) O'Shea, *La Tombe basque,* passim.

racontent guère de beaux contes, qui sont à peu près inca-
pables d'ajouter quoi que ce soit aux anciennes légendes
religieuses et chevaleresques. Mais, lorsque l'antique loi
du foyer est méconnue, lorsque la bonne discipline domestique est en péril, aussitôt ces hommes rudes s'émeu-
vent, deviennent imaginatifs et inventent un drame qui
est un pilori.

Leur morale n'est pas subtile ; elle ignore les distinctions
captieuses de la casuistique, les finesses d'une analyse trop
indulgente. Pour eux, l'inconduite est simplement un
vice, et la cause de ce vice est simplement l'excessif
appétit des jouissances sensuelles. Les débauchés ne sont
que des égoïstes libidineux, qui ont préféré leur plaisir per-
sonnel au bien de la communauté ; ils méritent donc
que la communauté leur impose une flétrissure. N'y
a-t-il pas, en somme, dans cette philosophie ingénue
autant et plus de vérité vraie que dans les savantes arguties
de nos romanciers psychologues ?

NOTE COMPLÉMENTAIRE

L'usage de « mettre la ronce »

Il subsiste en quelques pays des usages analogues.

En Béarn, on « met la ronce » à peu près de la même
manière que dans le Pays basque.

En Catalogne, dans la vallée d'Aneu, « els fadrins se po-
sen à l'entrada del poble y tapen el pas ab una cinta de seda,
que no obren fins que'ls nuvis y demés de la comitiva han
acceptat coca y vi que'ls ofereixen » (J. Morello, *la Vall
d'Aneu*, Barcelona, 1904, p. 12.)

A. d'Ancona, t. I, pp. 662-663, mentionne ce qui se faisait
à Florence sous le nom de *serraglio*, et il en emprunte un
exemple au drame sacré de *Santa Cecilia*.

Lorsque Sainte Cécile épouse Valeriano, quelques jeunes gens lui barrent le passage en disant :

> Gentil donna, voi non passerete,
> Se voi non ci darete qualche dono.
> — Giovin dabbene, che da me volete?
> A queste cose io novella sono (1).

Puis, d'adressant à ceux qui lui font cortège :

> S'io son prigione, voi mi riscotete;
> S'io gli ho offesi, chieggo lor perdono (2).

Après paiement de dix ducats, le passage s'ouvre et on rassure la mariée :

> Che a nessun altro non àrete a dare ;
> Umil donna, va dove tu vuoi (3).

Cet usage s'est pratiqué jadis dans l'Inde ancienne, en Russie, en Hongrie, etc. Voir de Gubernatis, *Usi nuziali*, 2e édition, pp. 182-187.

---

(1) « Gentille dame, vous ne passerez pas, si vous ne nous donnez quelque don. — Honnête jeune homme, que voulez-vous de moi ? Ce sont choses auxquelles je suis novice. »

(2) « Si je suis prisonnière, vous, délivrez-moi ; si je les ai offensés, je leur demande pardon. »

(3) « A aucun autre vous n'aurez à donner ; humble femme, va où tu veux. »

6

CHAPITRE V

Les Caractères et les Mœurs dans le Théâtre comique.

Contrairement aux tragédies basques, où il n'y a point de caractères, les comédies carnavalesques et les farces charivariques peignent leurs personnages d'après nature et présentent des portraits assez fidèles des individus dont ces pièces ont pour objet de décrire et de punir les vices. « Singer » celui-ci et celle-là, telle est la loi du genre. D'ordinaire, cette «singerie » est une parodie énorme : le mari battu est par trop niais, le vieillard amoureux par trop imbécile, la drôlesse par trop impudente ; mais, quoique les caractères aient quelque chose d'excessif et par conséquent d'artificiel, ils ne laissent pas d'avoir la sorte de vérité vivante et amusante que comporte la caricature.

Il va de soi que, dans ce théâtre comique, les protagonistes ne sont pas les plus beaux échantillons de l'humanité ; les mœurs y sont vues sous leur aspect le plus fâcheux, et sur ces tréteaux rustiques il n'y a aucune place pour l'ouvrier laborieux, pour la bonne ménagère, pour l'enfant sage, pour le vieillard respectable, pour l'homme de loi intègre, pour le prêtre évangélique. Mais le proverbe dit que les honnêtes gens n'ont pas d'histoire, et de tout temps les vices et les méfaits ont été pour la littérature une plus riche matière que les vertus et les bonnes œuvres. Le lecteur se gardera donc de croire que le présent chapitre soit un tableau des mœurs ordinaires des Basques ; ainsi compris, le tableau serait inique, comme serait inique une statistique criminelle dont les conclusions imputeraient à tout un peuple les forfaits de quelques-uns. Ce qu'il convient de voir dans les pages suivantes, c'est en quelque sorte le résumé d'une enquête faite par les pastoraliers sur les désordres les plus fâcheux qui se produisent dans leur pays.

Ce résumé se divise en deux sections dont la première concerne la famille, la seconde les institutions, les professions et les métiers.

§ I. *La famille*

1° *Le mari et la femme.* —, « Le jour où l'on se marie est le lendemain du beau temps », dit un proverbe basque. Au moins est-ce le lendemain du beau temps pour cette peu louable partie de la population qui fournit aux pastoraliers les sujets des farces charivariques : on n'y trouve guère que de mauvais ménages où les époux se tourmentent l'un l'autre, se trompent et se rossent à l'envi. Si par exception la femme est honnête, elle a beau demander à Dieu de la tirer de peine : trahie et malmenée par son mari, elle finit par mourir de chagrin; ou bien, entrée par le mariage dans une famille méchante et jalouse, elle est obligée d'abandonner le domicile conjugal et de se réfugier chez une de ses sœurs (*Pelilun el Pelik-huni*). Mais dans beaucoup de cas la victime la plus à plaindre est le mari que sa femme « aime comme la mort », et qu'elle martyrise moralement et physiquement.

Les mariages mal assortis ne font que des malheureux. Par exemple, on a marié « à un noir forgeron » une jeune couturière « habituée à coudre de la mousseline, » et elle est outrée de ce que son mari l'oblige à raccommoder et, qui pis est, à remplir des sacs de charbon (*Salurne el Vénus*). Une autre, fille riche, a épousé un paysan besogneux, parce qu'il y avait urgence à lui donner un mari authentique ; mais elle ne sait aucun gré à ce benêt du service qu'il lui a rendu, d'ailleurs sans le savoir, et elle prétend être maîtresse à la maison, lui reproche sa gueuserie, lui refuse la moindre somme d'argent, le nourrit avec de la méture froide et des restes de graisserons, tandis qu'elle fait pour elle-même de grosses dépenses, s'achète des foulards de soie, des tours de cou; ce qui ne l'empêche pas de se considérer comme une victime et de geindre en public sur son infortune :

Messieurs, je suis vêtue de douleur, parce que j'ai épousé un homme misérable.

J'étais, moi, d'une maison noble, grande, distinguée. N'étais-je pas un parti trop élevé pour un paysan?

Mès parents m'ont mariée de force. Ah ! que ne sont-ils morts aussitôt après ma naissance !

En me disant que la maison de mon mari était un grand bien, ils m'ont fait prendre la condition de paysanne.

Ah ! combien je regrette les jeunes et beaux garçons que j'ai eus pour amis dans la fleur de ma jeunesse !

Il est facile de prévoir où ce regret va la conduire. Déjà elle songe à nouer de coupables relations avec le prince Pansart, qui est un homme de qualité, et qui, pour la satisfaire, saura mieux s'y prendre que son rustre de mari (1). (*Planta el Eléonore*).

Certes les hommes ne manquent pas de défauts, puisque certains d'entre eux sont intempérants, violents, débauchés ; puisqu'il leur arrive de passer la journée entière au cabaret, et, le soir, de ne penser qu'à bien dîner, quand ils ont cuvé leur vin ; puisqu'il y a des brutes qui maltraitent sans aucun motif leur femme et leurs enfants ; puisqu'il y a des libertins qui ont la honteuse habitude de courir après les filles et même après les femmes mariées. Mais les défauts de la femme sont plus nombreux encore et peut-être plus préjudiciables à l'harmonie domestique et à la prospérité de la famille. « L'homme débauché, dit le proverbe, mange la moitié du bien de la maison ; la femme débauchée mange tout. »

---

(1). Notons toutefois que le cas de la mésalliance est assez rare dans le monde des paysans souletins, où les fortunes sont médiocres et les conditions peu différentes. Si un garçon relativement riche épouse une fille pauvre, on n'y fait pas grande attention ; si une fille relativement riche épouse un garçon pauvre, peut-être se moque-t-on un peu d'elle, mais bientôt on n'y pense plus. Même dans le cas où la fille de la maison épouse son domestique, à supposer d'ailleurs que le domestique soit un garçon honnête et laborieux, cela n'est pas considéré comme une mésalliance : car les domestiques sont souvent d'aussi bonne et honorable famille paysanne que les maîtres qui les emploient ; mais il y avait chez eux trop d'enfants pour le travail à faire, et alors un ou deux de ces enfants se sont engagés comme domestiques dans une autre maison.

N'insistons pas sur les péchés mignons des femmes, comme le bavardage et la médisance :

Quand trois femmes sont ensemble, elles pourraient bien tailler vingt brassées de chanvre. (*Saturne*).

ou d'être faraudes et de faire trop de dépense pour leur toilette :

De porter comme les dames la coiffe amidonnée, et de ne pas se contenter, même en semaine, de la coiffe de lin ;

D'avoir des jupes d'indienne et des dentelles, d'avoir un tour de gorge... (*Jouanic Hobe*). (1)

Ce qui est plus grave, c'est que les femmes sont de terribles buveuses. Sur ce point elles n'ont rien à reprocher à leurs maris, et Bacchus, parlant symboliquement, peut dire sans fatuité :

Je n'ai nul besoin que l'on me cherche des femmes : j'en ai mille et plus qui me courent après.

Femmes mariées, femmes serviables ou pucelles, toutes s'accordent à dire qu'il n'y a pas mon pareil en ce monde.

Les femmes mariées n'ont pas de repos qu'elles ne soient venues me trouver à l'insu de leurs maris.

Beaucoup de filles aussi..... (*Bacchus.*)

Quelques-unes n'ont pas honte d'aller au cabaret (2) ; mais le plus souvent c'est à la maison qu'elles lèvent le coude. En l'absence de leurs maris, elles s'invitent les unes les autres à boire du vin, du café, de l'eau-de-vie ; et s'il faut en croire l'auteur anonyme de *Canico*, il y en a même qui

---

(1) Dans *Planta*, mêmes reproches adressés en termes presque identiques à Eléonore par son mari qui conclut en ces termes : « Elle ressemble à ce troupeau d'effrontées que voici », c'est-à-dire aux spectatrices.

(2) Cf. trois chansons publiées par Fr. Michel, pp. 406-409, où on lit entre autres choses : « Bonnes buveuses se rencontrent en particulier les dimanches et fêtes, qui passent le jour cachées dans les tavernes, l'écuelle rouge à la main, et qui ne regagnent le logis qu'en tibubant, à la nuit close. » Voir aussi dans le *Folk-lore* de Vinson p. 168, la chanson de « Dame Madeleine », où un mari reproche à sa femme d'aller boire à l'auberge et de rentrer si peu solide sur ses jambes qu'elle se laisse choir dans l'escalier. Il paraît que l'ivrognerie féminine est moins commune aujourd'hui qu'autrefois dans la Soule. Néanmoins les femmes de Sainte-Engrâce ont conservé leur vieille réputation.

s'enivrent seules à domicile. Poloni, femme de Bacchus, nous fait ainsi ses confidences :

Si, le matin, je n'ai pas cassé la croûte, mon cœur s'affaiblit grandement ;

Si, après mon lever, je ne bois pas la demi-pinte, ah ! mon estomac tombe de défaillance.

Ensuite, si je n'ai pas six pitchers (1) à mon déjeuner, toutes les cordes de mon cœur se rompent.

Et à mon dîner, si je n'en ai pas pour le moins autant, je risque de mourir de soif. (*Pansarl*).

Toutefois il est équitable d'accorder aux buveuses une circonstance atténuante : souvent ce vice n'est chez elles qu'une conséquence du mauvais exemple donné par le mari. Témoin les doléances de Beltchitine :

Ah ! ces brigands d'hommes qui ne veulent pas obéir à leurs femmes, alors que celles-ci ne se proposent que de conserver le bien de la maison !...

Eh bien, s'il en est ainsi, les femmes deviendront à leur tour ivrognesses. La barrique ne se ressent pas de quelques bolées en moins ;

Elle a beaucoup plus à souffrir de ces longs tuyaux de pompe qui, parfois, ne se contentent pas de deux litres par personne.

Tu verras ça demain, Canico, sois-en sûr, et tu n'auras pas le droit de me le reprocher. (*Canico*.)

Une autre cause de grands désordres domestiques, c'est que beaucoup de femmes sont d'une lascivité effrénée. Eléonore, brouillée avec son mari, lui déclare cyniquement :

Un homme a beau être actif et travailleur ; s'il n'est point paillard, il ne sera jamais l'ami des femmes. (*Planla*)..

Les vieilles elles-mêmes gardent parfois jusque dans un âge avancé le goût de la gaudriole. Par exemple, la septuagénaire Taquil, en dépit de ses cheveux blancs et de sa denture ébréchée, invite le robuste Caquil à souper avec elle, et, après l'avoir copieusement abreuvé d'un vin « qui

____

(1) Environ quinze litres.

n'a pas son pareil dans les terres d'Ordiarp », elle lui fait des avances dont la signification est très claire. Mais Caquil lui déclare tout net « qu'il n'est pas d'humeur à la violer. » (*Saturne*).

Cette lascivité n'a que trop souvent pour conséquence l'adultère de la femme, et il n'est pas rare que cet adultère soit commis avec le domestique de la maison. C'est le cas de Chillo-berde, qui d'abord trompe outrageusement son mari Boubane avec Kopet, puis, lorsque Boubane est mort, est si pressée d'épouser Kopet qu'elle n'a pas la patience d'attendre le délai prescrit par la loi. (*Boubane et Chillo-berde*).

Dans ces mauvais ménages où les époux croient toujours avoir à se plaindre l'un de l'autre, la guerre intestine ne tarde pas à éclater. Si le mari est peu endurant, il cogne sur sa femme et va se consoler ailleurs de ses déboires conjugaux ; mais, s'il est faible, c'est la femme qui « prend l'avantage » et qui, comme la Péverine de *Jouanic Hobe*, devient une « assommeuse d'hommes. » Dans les deux cas, la bile des époux s'épanche en lamentations et en récriminations réciproques. Les hommes maugréent contre leurs femmes :

Quand un homme se marie, il peut compter qu'il entre en enfer.

Saint Augustin dit une grande vérité, quand il dit que loups, tigres, serpents et lions enragés ne peuvent être comparés à la femme.

Dieu, dans son éternité, a ordonné que les peines de l'enfer fussent subies en ce monde par les hommes qui se marieraient.

Dans l'autre monde ils seront probablement plus heureux. Quant à moi, j'aurai certes, mérité cette compensation.

Et les femmes maugréent contre leurs hommes :

Si tu grognes, Canico, il y aura du grabuge ; et tu auras beau faire, je ne me laisserai point fléchir.

S'il y a tant de femmes tyrannisées par leurs maris, c'est qu'elles leur lâchent sottement la bride.

La femme ne doit pas être bêtasse. Une bonne bastonnade sur l'échine, voilà le moyen de se faire respecter. (1)

2⁰ *Les enfants.* — Il est facile de comprendre que, dans les familles ainsi divisées, les parents ont peu d'autorité sur leurs enfants et les élèvent mal. La farce de *Cabalçar et sa famille* met précisément en scène un exemple de cette mauvaise éducation. Lorsque l'ivrogne Cabalçar donne de bons conseils à son fils déjà grand garçon, celui-ci ne comprend pas pourquoi il serait tenu de se bien conduire, puisque son père se conduit mal; et, comme son père lui dit : « Ne me fais pas mettre en colère », il réplique :

« Si vous vous fâchez, vous aurez la peine de vous apaiser : car j'espère bien qu'à mon âge vous n'allez pas me donner sur le cul.

Après quoi, resté seul, il fait ces réflexions :

Mon père voudrait me corriger; mais je n'ai que faire de ses réprimandes, puisqu'il ne veut pas lui-même être sage.

Il est toujours à l'auberge, à boire ou à jouer, et il ne veut pas que, moi, je m'amuse.

Mais je ferai à ma tête comme lui à la sienne, et je me divertirai avec mes camarades.

Bref, quand les Satans, venus pour le confirmer dans ces belles dispositions, lui disent que, si son père le réprimande, il fera bien de «lui casser le nez à coups de poings et de le crever à coups de pied », il ne s'étonne pas trop de ces conseils diaboliques.

Dans les familles où le père est un débauché et la mère une honnête femme, tous les efforts de l'honnête femme pour détourner ses enfants du vice restent vains. La mère de Chiveroua a beau refuser avec énergie de consentir au mariage de son fils avec une drôlesse, le mariage s'accomplit malgré tout, et la mère s'évanouit de chagrin. La mère de Malkus, pour couper court aux relations déshonnêtes de

---

(1) Sur les vices de la femme, voir dans Petit de Julleville, *Histoire*, t. II, p. 205, une longue liste de petites pièces satiriques anciennes, généralement grossières, qui répètent toutes à peu près les mêmes accusations. Cf. Nisard, t. I, pp. 312, pour les pièces de même sorte répandues par le colportage.

son fils avec la servante de la maison, a beau mettre cette servante à la porte, Malkus, sans s'inquiéter de la fille qu'il a séduite, court à de nouvelles amours et finit par épouser une vieille ribaude.

Mais le cas que les pastoraliers visent le plus souvent est celui où le père est un honnête homme et la mère une mauvaise femme.

Dans *Belcader*, la mère se fait la pourvoyeuse de son fils et prend une servante dont la complaisance épargne à ce garçon la peine d'aller chercher au dehors les plaisirs amoureux; puis elle le marie à une riche héritière, sans d'ailleurs l'obliger à rompre avec l'ancienne maîtresse; et finalement elle l'aide à tromper et à malmener l'épouse, qu'ils contraignent à faire les besognes de la servante. Les mères complices de l'inconduite de leurs filles ne manquent pas non plus. Dans *Bala et Vilola*, tandis que le père, soucieux des bonnes mœurs de sa fille, lui défend d'aller à la danse, la mère proteste contre la tyrannie paternelle et déclare « qu'elle ne veut pas voir mourir la pauvrette de chagrin »; tant et si bien que les parents, pour vider cette querelle pédagogique, finissent par s'agoniser de coups; et, plus tard, lorsque la fille revient du bal avec des taches de boue dans le dos, la mère ne s'en étonne ni ne s'en indigne; il est probable qu'autrefois pareille chose lui est arrivée souvent à elle-même.

C'est surtout lorsqu'il est question d'attirer un galant, de mettre la main sur un mari, de soutirer de l'argent à un protecteur, que la mère agit volontiers de connivence avec la fille. En pareil cas, elle ne se contente pas de fermer les yeux; elle intervient en personne, donne des conseils, amène au besoin le nigaud à la maison; puis, lorsqu'elle estime que le moment du tête-à-tête est venu, elle se retire discrètement et va préparer pour le souper des amoureux « le fricot à la cervelle d'âne » (1), qui aura la vertu de rendre

______

(1) La cervelle d'âne a, paraît-il, la propriété d'attirer et de retenir les hommes. On dit communément de quelqu'un qui a l'habitude de courir après les filles : « Il a mangé de la cervelle d'âne. » Cette expression proverbiale n'a évidemment qu'une signification symbolique.

le garçon plus lascif et de le décider à convoler ou à financer. (*Chiveroua*.)

Que de tels parents aient des enfants vicieux, cela ne sur-
prendra personne, et les farces charivariques abondent en
détails sur les tristes instincts et la perversité de cette
déplorable jeunesse.

Dès que les garçons arrivent à l'âge où les passions s'é-
veillent, ils deviennent vindicatifs, querelleurs, buveurs, sé-
ducteurs, coureurs de dots, épouseurs de prostituées qui
se sont enrichies à la sueur de leur corps. Mais d'ailleurs les
pastoraliers, qui ne se piquent pas d'une exacte impartia-
lité, insistent peu sur les débordements des garçons.

Au contraire l'immoralité des filles est décrite dans les
farces avec une évidente complaisance. Et d'abord
voici leur horoscope, beaucoup plus souvent mauvais que
bon :

> Le lundi, inconstantes et variables ;
> Le mardi, colères, rancunières, menteuses ;
> Le mercredi, adroites blagueuses et rusées ;
> Le jeudi, prudentes, discrètes et fidèles ;
> Le vendredi, amoureuses, ardentes, passionnées ;
> Le samedi, mélancoliques, taciturnes ;
> Le dimanche, familières, gaies, pimpantes. (*Bacchus*) (1).

Ainsi deux bons jours, le jeudi et le dimanche, et cinq
mauvais ou au moins dangereux. La majorité des filles ne
vaut donc pas grand'chose, et il en résulte un danger pour
les meilleures : car celles-ci risquent fort d'être corrompues
par des compagnes dévergondées. La farce d'*Ardealina el
Ludovina* peint au naturel ces amitiés périlleuses où les
filles se pervertissent les unes les autres par les scabreuses
confidences qu'elles se font, et où, même lorsqu'elles se
donnent verbalement de bons conseils, elles se donnent
pratiquement de mauvais exemples.

Du reste, la plupart des filles n'ont pas besoin d'être
poussées au vice : elles y inclinent spontanément.

---

(1) On trouve aussi dans *Saturne* et dans *Jeanne d'Arc* l'exposé astrolo-
gique des influences qu'exercent sur le caractère et sur la destinée les
planètes qui donnent leurs noms aux jours de la semaine.

D'abord, elles sont abominablement coquettes et effrontées :

Ici (sur la place), grandes éclateuses de rire, les yeux clairs et
pleins de gentillesse,

Mais noires (renfrognées) à la maison, et souvent de méchante
humeur....

Les robes retroussées par derrière, c'est-à-dire jusque sur le derrière, les jambes entourées de rubans, elles ressemblent à des Es-
pagnoles.

Deux doigtées de cheveux sur le front, pour donner de l'illusion
aux jeunes hommes et les attirer vers elles ;

Les doigts, les oreilles et le cou garnis d'or. Tous ces orgueils sont
des lacets de Lucifer.

Les misérables parents, désolés dans leur maison, n'ont pas
d'argent pour payer les impôts. (*Pansart*).

Et encore si elles n'étaient que coquettes ! Mais la coquetterie n'est trop souvent qu'un moyen pour arriver à satisfaire des vices plus répréhensibles, notamment la 'ubri-
cité qui est extrême chez les filles.

Si une mère a sa fille chez elle et que celle-ci ait du penchant
pour les hommes,

Il sera moins facile à la mère de la garder que de garder un
boisseau de puces.

Quand même la mère ferait coucher la fille dans son propre lit,
la fille, pendant le sommeil de la mère, trouvera le moyen de
devenir enceinte. (*Saturne*).

Presque toujours ce sont les filles qui font des avances
aux garçons, et, si les garçons ne s'empressent pas de répondre à ces avances, les filles ont la hardiesse de leur donner la chasse. Le Satan de *Dorimène* raconte qu'il a vu « des
garçons qui, pour échapper à la poursuite des filles, se cachaient sous la fougère, n'en pouvant plus d'avoir trop
couru » (1).

____

(1) Cf. dans le *Folk-lore* de Vinson, p . 179, une chanson composée par un
habitant d'Ustaritz sur «les Filles de St-Pée», qui s'enflamment d'amour dès
qu'un garçon passe à côté d'elles, qui lui donnent des rendez-vous la nuit,
qui lui reprochent de ne pas y être venu, etc. L'auteur de la chanson conclut
par cette déclaration flatteuse pour son propre village : « Si nous avions
chez nous de semblables filles, nous les enverrions en mer sur un bateau
troué. »

Il est vrai que d'ordinaire les garçons ne sont pas si farouches èt qu'ils se laissent volontiers séduire par les agaceries des filles. Les rendez-vous amoureux se donnent de deux façons.

La première façon, sinon approuvée, du moins tolérée par les parents, consiste en ceci. Les jours de marché, lorsqu'une fille, soit par hasard, soit par complot, rencontre son galant, elle l'invite à faire collation à l'auberge, et c'est elle qui offre les friandises. Les farces charivariques nous apprennent qu'autrefois, sans doute au temps où il n'y avait pas de boulangers dans les campagnes, « les filles volaient des pains chez leurs parents pour les manger dans les auberges en compagnie des garçons » (*Pansart*) ; ou qu' « elles cachaient sous leur robes des petits pains garnis de jambon et d'œufs, pour s'en régaler avec leurs amants » (*Dorimène*). Aujourd'hui, avec l'argent qu'elles se sont procuré par des moyens peu louables, quelquefois en volant des poignées de sous à leurs parents (*Canico*), quelquefois en détournant une partie des sommes qu'elles ont touchées pour eux (*Saturne*), elles achètent chez le boulanger des *ophilak* (pains ovales de dix centimes), ou chez le pâtissier des gâteaux et des sucreries. Ce sont les garçons qui paient le vin (1).

A l'auberge, l'usage est que deux couples se réunissent pour faire la collation : ils s'installent dans une chambre qui leur est réservée, et ils s'y enferment à clef. Que se passe-t-il derrière la porte close? Il paraît que les inconvénients de cet usage ne sont pas aussi graves qu'on pourrait le croire. Tant que les filles sont encore jeunes et en âge de se marier, elles gardent une certaine prudence et savent se défendre contre les entreprises trop hardies de leurs amis. Mais lorsqu'elles sont devenues *mouchourdin*, c'est-à-dire lorsqu'elles ont passé l'âge du mariage et n'espèrent plus convoler en justes noces, elles opposent moins de résistance.

____

(1) Cf. la pièce d'Oihénart, édition de Fr. Michel, pp. 234-244, sur « les Quatre macqueuses». Elles apportent des figues qu'elles ont volées dans un jardin, et le garçon, envoie chercher le vin « pour le marier aux figues ».

Quoi qu'il en soit, il n'est pas téméraire de supposer qu'après ces agapes amoureuses beaucoup de filles sont tout au plus des demi-vierges.

La seconde façon est plus périlleuse encore pour la vertu des filles. Il y en a qui, aguerries contre le danger par ces rendez-vous donnés à l'auberge, ne craignent pas de recevoir les garçons chez elles, dans leur propre chambre, pendant la nuit. Ces réceptions secrètes ont lieu surtout le lundi, le mercredi et le vendredi, jours que l'on appelle « remarquables » et qui sont ceux où, les garçons, après avoir passé la soirée au cabaret, ont coutume de rendre visite à leurs bonnes amies. Or les bonnes amies ne se contentent pas de leur faire un tendre accueil; elles s'ingénient en outre à les allécher et à les captiver par les jouissances de la bouche; elles leur offrent du lait (1), du vin, du café, même de la viande. On trouve des descriptions de ces petits soupers clandestins dans *Salurné*, où Vénus et Jeanneton invitent pour le même soir le vieux Saturne, qui a encore la gaillardise d'accepter les deux rendez-vous; dans *Chiveroua*, où Marceline cuisine pour son amant un succulent fricot, afin de l'embobiner et d'obtenir de lui le mariage; dans *Tuduk*, où la princesse Ratafia, non contente d'offrir chez elle au sien ce qu'elle a de mieux comme boisson et comme mangeaille, lui envoie des poulets pour gagner son cœur en flattant son estomac; dans *Pierrol*, où Julie se désespère parce qu'elle n'a ni bois ni charbon pour préparer quelque bon morceau à celui qu'elle attend.

Il va de soi que, parmi les filles qui ont ces habitudes, « les pucelles sont un peu rares »; et c'est pourquoi Satan, d'ailleurs trop prompt à généraliser, s'écrie dans *Canico* :

Renoncez, Messieurs, à trouver sur cette place des pucelles; il n'y en a que dans les berceaux.

------

(1) Il est très souvent question de lait dans les farces charivariques, et parfois les pastoraliers semblent n'y mettre aucune malice, mais d'autre fois il y a un sous-entendu obscène. Notons à ce propos que les camorristes napolitains donnent le même sens métaphorique au mot « ricotta », lait caillé. (De Blasio, *Nel paese della camorra*, p.54.)

3º *La fille-mère, l'entremelleuse, la sorcière.* — Lorsque ces têtes-à-tête imprudents n'ont pas eu de conséquence irréparable, les filles paient d'audace et nient effrontément leur faute :

Après s'être fait culbuter dans les fossés, elles soutiennent, le lendemain, qu'elles sont encore pucelles. (*Malkus.*)

Mais si par malheur l'enflure de leur taille rend toute négation impossible, elles ne laissent pas de se trouver encore des excuses :

Elles prétendent que cela ne leur est arrivé qu'une seule fois, pendant qu'elles étaient endormies, et qu'un mauvais bougre a abusé d'elles. (*Malkus.*)

Cependant il s'agit de régulariser la situation et de donner au poupon qui va naître un père légal :

Elles veulent épouser lorsque la ceinture de leur robe s'est rétrécie.

Mais alors, les garçons ont toujours un prétexte pour refuser de se marier,

Et ils s'en vont au galop vers celles qui se tiennent encore droites. (*Dorimène*).

Lorsqu'elles sont réduites à mettre au monde un bâtard (1), que devient l'enfant né dans ces fâcheuses conditions? Les Basques n'ont pas le préjugé romantique qui veut que les enfants de l'amour soient plus beaux et meilleurs que les autres. Un de leurs proverbes dit brutalement : « Le fils de de putain, s'il est bon, c'est par aventure, s'il est mauvais, c'est par nature». (Oïhénart, nº 399). Quant à la fille-mère, il est à craindre pour elle que, perdue désormais de réputation, elle ne s'abandonne sans réserve au libertinage et ne tombe vite dans une sorte de prostitution villageoise. A en juger par le grand nombre des filles perdues qui figurent dans les farces charivariques, notamment dans *Mal-*

----

(1) Jusqu'à présent, malgré le cas mis à la scène dans la farce d'*Ardealina et de Ludovina*, il paraît que les manœuvres abortives et l'infanticide sont à peu près inconnus en Soule.

kus, dans *Méhalçu*, dans *Salurne*, dans *Chiveroua*, dans *Recoquillard*, les villages souletins ne manquent pas de ces coquines qui, tant qu'elles gardent un semblant de fraîcheur, se tiennent à la disposition de quiconque veut bien les payer, jeune homme ou vieillard, et qui, dans leur décrépitude, deviennent des entremetteuses et des harpies toujours prêtes à favoriser les louches intrigues des autres, à brouiller par des cancans calomnieux les honnêtes amours et à semer la zizanie dans les bons ménages.

On peut rapprocher de ces mauvaises femmes la diseuse de bonne aventure et la tireuse de cartes, qui, lorsqu'elles étaient jeunes, ont souvent rôti le balai. Dans *Malkus*, une servante va consulter la sorcière qui lui répond :

Je vous dirai tout ce qui vous intéresse, d'abord à vous, puis en secret à tout le monde.

Cette même sorcière offre à diverses personnes « de les mener sur son dos dans un endroit agréable où l'on entend de la belle musique » :

Là-bas, je vous ferai voir beaucoup de vieilles qui à la maison ne peuvent bouger, mais qui dans cet endroit-là dansent en levant le cul en l'air.

Vous y verrez peut-être certaines de vos voisines ou amies, s'il y a autant de monde aujourd'hui qu'il y en avait hier soir.

Sur cette alléchante promesse, quelqu'un accepte de faire le voyage ; mais, au moment du départ, comme il prononce « le nom de celui qui a été cloué à la croix », la sorcière, prise d'un accès de fureur, précipite son malheureux compagnon dans un buisson de ronces et d'épines (1).

----

(1) Il résulte de nos informations personnelles que, si les superstitions relatives aux sorcières, au *mal donné*, etc., n'ont pas complètement disparu de la Soule, elles y ont pourtant beaucoup moins de force qu'autrefois. On croit bien encore un peu qu'un regard peut rendre une vache malade et qu'un remède composé d'herbes cueillies au cimetière aura la vertu de la guérir, s'il est adminstré en prononçant certaines paroles cabalistiques ; mais on n'y croit plus tout-à-fait. Rappelons, puisque l'occasion s'en présente, un curieux proverbe basque qu'un métaphysicien pourrait prendre pour devise : *Icena dien gaizak orobadira*, c'est-à-dire : « Toutes les choses qui ont un nom existent. » On allègue ce proverbe pour démontrer l'existence des esprits, des fantômes, etc.

§ II. — *Les Institutions, les Professions, les Métiers*

Quoique la satire de certains désordres de la vie privée soit le principal objet des comédies de carnaval et des farces charivariques, on y rencontre pourtant aussi beaucoup de traits malins dirigés contre les institutions, les professions et les métiers.

1º *Le roi et la politique.* — Le roi est loin et la politique est compromettante; aussi les pastoraliers en parlent-ils peu; mais lorsqu'ils en parlent c'est toujours sur un ton irrévérencieux. Dans *Pansart,* quand le barbier annonce au public qu'il va montrer les diplômes sur lesquels « il y a le cachet du roi », ce qu'il montre en effet, c'est son derrière.

La seule farce où la politique tienne une place de quelque importance est *Canico*, qui fut joué deux mois après la révolution de 1848. Le pastoralier y est également sévère contre le gouvernement vaincu et contre le gouvernement victorieux. D'une part, l'ex-roi est accusé « d'avoir troublé toute la France », et, de plus, les spectateurs sont avertis que, « lorsqu'ils iront en enfer, ils y trouveront tous les rois.» Mais, d'autre part, le nouveau régime n'est guère mieux traité, puisqu'il est étroitement associé à l'idée de désordre et de rapine, et que, au dire de l'auteur,

Depuis que cette république s'est répandue en France, les filles croient qu'il leur est permis de voler n'importe quoi à la maison.

Outre ces traits épars, il y a dans *Canico* toute une scène qui n'est pas dénuée de philosophie politique, puisque on y voit le pouvoir convaincu de sa légitimité transcendante, de la profonde affection populaire, du droit qu'il a d'employer la force contre les mécontents, tandis qu'au contraire le peuple reproche au pouvoir ses origines suspectes, accuse les gouvernants d'être plus bêtes que les gouvernés, songe perpétuellement à secouer le joug et n'est retenu dans l'obéissance que par la peur. Voici les principaux passages de cette scène qui ne manque pas de verve comique.

Satan, pour récompenser son serviteur Jupiter, vient de.

le nommer « empereur du royaume », et Jupiter, après l'avoir remercié, ajoute :

Tout le monde se réjouit de ce que vous m'avez nommé empereur du royaume. Mes sujets vont s'empresser de me reconnaître.

Quelques instants plus tard, le nouvel empereur rencontre son camarade Bulgifer, et le dialogue suivant s'engage entre eux :

Jupiter. — Puisque je suis empereur du royaume, j'ai donc, Bulgifer, le droit de te commander.

Bulgifer. — Je ne consentirai jamais à te reconnaître pour mon souverain : car je ne t'ai vu faire que des âneries.

Jupiter. — Que j'aie la tête forte ou faible, peu importe. Je suis ton maître par la volonté de Satan, qui m'a nommé empereur du royaume.

Bulgifer. — Eh bien, vrai, pour gouverner le royaume il a fait choix d'un homme d'esprit! J'ai idée que tes sujets ne s'inquiéteront guère de ta personne.

Jupiter. — Tu ne tarderas pas à savoir si l'on doit s'inquiéter de ma personne. Je me charge de te l'apprendre, et avant longtemps.

Bulgifer. — Merde pour toi, mon empereur ! Voilà comment je reconnais ton autorité. Pour gouverner le royaume, tu n'as pas plus de titres que le trou de mon cul.

Jupiter, tirant l'épée. — C'est à un empereur que tu parles de la sorte? Allons, flamberge au vent, si tu ne manques pas de cœur.

Bataille. Bulgifer est blessé.

Bulgifer. — Je me soumets, sire ! Je vous obéirai en tout. Dites-moi, s'il vous plaît, ce qu'il faut que je fasse.

2° *La Religion et le curé*. — L'ancienne coutume de la Soule porte que « les trois états » doivent envoyer des représentants « à la Cort d'Orde »; mais, en fait, le clergé souletin n'a jamais assisté aux Etats de Licharre, et, même après que les patentes de 1730 lui eurent expressément accordé le droit d'y comparaître, il continua de n'y point envoyer de représentants. « D'ailleurs, dit le Dr Larrieu (1),

____

(1) *Mauléon et le Pays de Soule pendant la Révolution*, p. 5; note.

dans tous les pays basques le rôle du clergé dans les affaires civiles et politiques était nul ou a peu près. Et même, dans certains d'entre eux, non seulement il était interdit au curé d'avoir voix délibérative dans les affaires communales, mais encore il ne pouvait être ni électeur ni éligible à aucune charge municipale.» Est-ce par suite de cette séparation anticipée de l'Eglise et de l'Etat que, d'un côté, les Basques sont restés très religieux et témoignent beaucoup de déférence au pouvoir spirituel, mais que, d'un autre côté, ils ne se gênent nullement pour railler dans le curé les travers et les vices de l'homme? Nous rencontrons dans les farces charivariques maints exemples de cette liberté de jugement.

Quelquefois le curé y donne à ses ouailles de bons conseils qu'elles n'écoutent guère *(Belcader)* ; mais d'ordinaire il est lui-même représenté comme un intrigant qui prend parti dans les querelles du village, qui se mêle d'affaires malpropres, qui joue double jeu, qui trahit ceux qu'il avait d'abord promis de soutenir, dès que les autres l'ont suborné par un cadeau qui flatte sa gourmandise. (*Petilun, Méhalçu*).

Nous ne connaissons aucune farce où les prêtres soient accusés de mauvaises mœurs (1); mais les pastoraliers leur attribuent souvent une licence de langage qui fait de leurs allocutions un ramassis de propos grivois (*Salurne*).

Le défaut ecclésiastique par excellence, c'est celui que signale le proverbe : « L'avarice, ayant tué un homme, se réfugia dans l'Eglise ; elle n'en est pas sortie depuis » (2). (Oïhénart, nº 366). Dans *Salurne*, le curé Belot, un peu cousin

---

(1) Sur ce point les chansonniers sont plus sévères que les pastoraliers. Voir dans le *Folk-lore* de Vinson, p. 181, la *Chanson de l'ours*. L'ours, ainsi nommé à cause de sa robe noire, est un curé de Sainte-Engrâce qui a séduit une fille de bonne maison.

(2). Voici un couplet inédit de la *Satire des différentes professions*, dont Fr. Michel, pp. 390-393, a publié neuf couplets, mais qui en a une vingtaine. « Messieurs les curés nous exhortent à faire la charité, tandis qu'eux-mêmes ne disent pas un mot sans le faire payer. Les pauvres de la commune souffrent de la faim, tandis qu'au presbytère l'or se rouille. »

de celui de Lafontaine, monologue ainsi, au moment de cé-
lébrer un mariage :

J'ai grande satisfaction dans le cœur aujourd'hui, parce que je
vois tout ce monde à l'église.

D'abord trente sous, puis six francs (1), ça fait sept francs cinquante.

Ah ! si j'avais tous les jours un pareil casuel, outre ce que je tou-
che du gouvernement !

Je gagne davantage encore lorsque les gens meurent ; mais alors
il faut que je fasse beaucoup de crédit.

Pour un mariage, les époux viennent eux-mêmes à l'église (2), et
j'ai six francs sans dire un mot.

Dans les autres occasions, les paroissiens prétendent qu'ils n'ont
pas de quoi me payer.

On objectera que les curés n'ont pas besoin d'argent, et, par le
fait, je n'irai rien réclamer à personne.

Mais celui qui voudra me faire travailler, je l'engage à s'assurer
d'abord qu'il aura de quoi payer mon travail.

Vous aurez beau vous retourner comme vous voudrez : je ne ferai plus crédit ni aux riches ni aux pauvres.

3° *La Justice et les gens de robe.* — Nous avons déjà
parlé des longues scènes judiciaires qui, dans *Pansart*, paro-
dient d'une façon assez amusante la procédure et les débats.
Parlons ici de la personne même des justiciers.

Le juge. — En général, les pastoraliers font de lui un por-
trait assez favorable : il ne demande pas mieux que de juger
selon l'équité. Quand des officiers de justice trop pressés
voudraient que l'on condamnât tout de suite l'accusé
« pour faire un exemple », il leur oppose cette sage maxime :

Avant de prononcer un jugement, il est nécessaire d'entendre
les parties. De cette manière nous saurons de quel côté sont les
torts les plus graves. (*Canico*).

Mais d'ailleurs il n'ignore pas combien il est difficile, mê-

____

(1). Trente sous pour la messe, six francs pour le mariage.

(2) Aux enterrements, au contraire, le curé a la peine d'aller à la maison mortuaire pour la levée du corps.

me avec la meilleure volonté du monde, d'arriver à connaître la vraie vérité. C'est pourquoi, après avoir prononcé la
sentence en faveur de l'une des parties, il donne pourtant
à entendre à celui qui vient de gagner son procès qu'au
fond sa cause ne valait peut-être pas beaucoup mieux que
celle de la partie adverse.

Au surplus, cet honnête homme un peu sceptique ne
laisse pas d'avoir ses menus défauts. Sa jovialité natu-
relle est parfois intempestive. Ainsi, dans *Canico*, il ba-
dine un peu légèrement sur l'affaire burlesque qu'il aura
tout à l'heure à juger, et il se promet d'en bien rire avec
ses collègues pendant l'audience.

Il ne comprend que trop les faiblesses humaines et, quand
il a affaire à des gens mariés qui ont courtisé les jolies filles
plus que de raison, il ne peut s'empêcher de leur dire que
cette galanterie est «une qualité d'honnête homme»(*Planta*).

Son plus gros péché, c'est qu'il reçoit volontiers les cadeaux
des parties, parfois même les réclame, lorsqu'on oublie de les
lui offrir; et, quand on lui apporte une paire de chapons ou
un lièvre, il tâte la volaille et soupèse le gibier avec un sourire de satisfaction, si la pièce est lourde. (*Jouanic Hobe*).

Le substitut du procureur de roi (1). — Il a une très
haute opinion de sa charge; mais il en trouve les devoirs
pénibles lorsqu'il est obligé de requérir contre d'anciens
amis. Dans *Pansart* il commence ainsi son réquisitoire :

Messieurs, le roi m'a donné la main pour châtier les malfaiteurs.
Par conséquent je suis tenu de le faire.

Dans le cas présent je suis très embarrassé et je céderais volontiers ma charge à bas prix.

Nous qui avons été au service de messire Pansart, nous sommes
obligé maintenant de prendre la parole contre lui. (1)

L'avocat du roi (2). Il plaide à peu près comme les autres

---

(1) Dans les farces on ne rencontre que le substitut du procureur du roi,
jamais le procureur du roi lui-même.

(2) Nous ignorons pourquoi les farces charivariques le nomment
presque toujours Lucien.

avocats, mais avec une affectation plus grande encore de science juridique, et en farcissant ses discours de latin de cuisine et de maximes morales et philosophiques. Aucun autre trait saillant ne le distingue.

Les avocats des parties. — Dans *Chiveroua*, Lucus et Firmin, qui vont plaider l'un contre l'autre, se font mille compliments avant l'audience ; mais, dès que l'audience est ouverte, ils se défient, s'injurient, s'accusent réciproquement d'être des ignares et de ne rien comprendre ni au droit ni à la cause qu'il soutiennent ; puis, après l'audience, ils s'en vont bras dessus bras dessous comme d'excellents amis, toujours prêts à s'entendre comme larrons en foire pour dépouiller les clients. Malheureusement les clients sont rares, et, pour les attirer, il faut user d'adresse, les allécher par de bonnes paroles, leur promettre qu'on leur fera gagner leur procès en dépit des lois et de l'équité. L'avocat Bellarmin se vante « de n'avoir peur de personne dans la discussion : car, même lorsqu'il soutient la mauvaise cause, il réussit par la chicane à la faire triompher ».

Qu'un avocat, pourvu qu'on le paie, se charge indifféremment de défendre la bonne ou la mauvaise cause, c'est ce que la rectitude du bon sens populaire n'a jamais pu admettre, depuis les *Nuées* d'Aristophane jusqu'à la tragi-comédie de *Pansart* et à la farce de *Jouanic Hobe*. Un personnage de la farce s'écrie :

Ces deux Jeanfoutres d'avocats vont plaider l'un pour et l'autre contre. Ils ne parlent l'un et l'autre que parce qu'ils ont été bourrés de cadeaux.

Et un personnage de la tragi-comédie exprime la même idée en termes plus énergiques encore :

Ils sont prêts à soutenir avec force une mauvaise cause, pourvu qu'ils aient reçu beaucoup d'argent.

Les consciences de ces avocats sont aussi nettes que le cul du chaudron. Ça, vous pouvez le croire.

Mais le pis est que, même quand les avocats ont été payés bien cher, il leur arrive de s'imaginer encore que leur salaire a été inférieur à leur mérite; et alors ils trahissent le client qui leur a confié son affaire, soit en plaidant d'une façon ridicule, en épiloguant sur des minuties, en se servant d'arguments absurdes, soit en révélant par méchanceté, dans leur plaidoirie, un aveu qui leur a été fait sous le sceau du secret. (*Chiveroua*),

Le greffier. — Les pastoraliers ne lui attribuent qu'un rôle tout-à-fait secondaire. Ils le représentent ordinairement comme égrillard.

L'huissier. — Habitué à être accueilli partout avec des malédictions, il a quelquefois la surprise d'être cajolé et saoulé par les gens à qui il vient signifier un exploit; et ce bon accueil insolite le met de si belle humeur qu'au retour il n'hésite pas à affirmer devant le tribunal la parfaite honnêteté de ces malins justiciables (1).

Les témoins. — Ils n'ont jamais eu très bonne réputation. Ceux des comédies et des farces basques sont, comme d'habitude, vénaux et menteurs. Selon Pansart, il faut les payer cinq sous l'un; mais, selon l'avocat Bellarmin, on en trouve d'excellents pour deux liards. Si la partie qui veut se servir de leur témoignage refuse de financer, ils se taisent et tournent les talons; mais si on leur a graissé la patte et si on les a bien stylés, ils répondent tous comme un seul homme.

Le prévôt et la maréchaussée. — Le prévôt et les gendarmes de *Pansart* sont presque les seuls qui représentent la force armée dans le répertoire comique des Basques.

Le prévôt s'annonce lui-même en ces termes :

C'est moi qui suis le prévôt, et ma charge est terrible: j'ai un pouvoir plus grand que celui de tous les baillis.

Dans toutes les juridictions les premières places sont pour moi. N'est-ce pas un grand honneur d'occuper un si haut rang?

____

(1) Couplets inédits de la *Satire des différentes professions* :
« Les charrues des sergents (huissiers) sont les hommes processifs. Des affaires (de ces hommes) ils retirent les Indes. On tombe facilement dans la misère quand on les écoute.

« Sergents et notaires, ô outils nécessaires! Leurs formules obscures, mensongères, obscurcissent les plus simples choses. Vous ne trouverez pas de meilleurs aides pour vider promptement vos maisons. »

Je suis le maître de toute la maréchaussée; pour la faire obéir à mon commandement, un demi-mot me suffit.

Ils ont tous peur de moi comme les chèvres du loup : en quoi ils se montrent on ne peut plus raisonnables.

Dès que ce puissant officier, moitié de robe et moitié d'épée, entre en scène, il élève un conflit de juridiction. Sans doute l'accusé Pansart, en tant qu'il est de noble lignage, est justiciable de la Cour qui a ordonné les poursuites contre lui; mais, en tant qu'il a dérogé, il est déchu de son privilège, et par conséquent la prévôté seule a qualité pour connaître de cette affaire.

D'ailleurs, comme « la cause est pressée », le prévôt, en fonctionnaire fidèle aux devoirs de sa charge, consent à ne pas attendre que le conflit soit jugé pour se mettre en campagne et pour arrêter Pansart.

Au moment de partir, il demande à ses deux gendarmes, Fabien et Madian, s'ils se sentent assez de courage pour entreprendre sans renforts la difficile capture de Pansart, qui s'est enfermé avec les siens dans son château.

Madian répond le premier :

Je me suis battu, moi, contre les Anglais et contre les Maures, et vous pouvez penser si je fais cas d'un Pansart!

Quand je suis allé dans la ville du Maroc, j'y ai accompli de terribles ravages.

En Algérie aussi j'ai fait trembler tout le monde. Je vous assure, monseigneur, que j'ai regardé en face la gent barbaresque.

Et dès que je les regardais, aussitôt ils étaient épouvantés et tremblaient de peur.

Revenu de là-bas en Portugal, je n'y ai pas eu beaucoup de peine : tous les hommes de guerre que j'ai rencontrés se sauvaient devant moi.

Et les habitants de la ville de Londres! Jamais encore ils n'avaient eu pareille venette : rien qu'à me voir, ils craignaient que leurs vaisseaux ne fussent pas assez solides.

Lorsque j'allai en Turquie, dans la ville de Constantinople, les Turcs restaient bouche béante à mon passage.

Tout le sérail du Grand Sultan était frappé de terreur, et, par par ma foi ! il n'avait pas tort.

Jugez maintenant si j'ai besoin qu'on m'adjoigne des compagnons pour attraper Pansart et pour tuer et fricasser tous ses soldats.

Ensuite Fabien, qui, après les truculentes déclarations de son camarade, voudrait bien ne point paraître trop poltron, répond à son tour :

Moi aussi, Monseigneur., je suis allé dans beaucoup d'endroits : à Barcus, à l'Hôpital Saint-Blaise, à Berrogain et à Roquiague;

Et, si je commence à me battre, d'un revers de main je réduirai tous les ennemis en poussière.

Quant aux fuyards, pas ne sera besoin que je les poursuive longtemps : ils sauront bien sans cela dire qu'ils ont eu peur.

En outre, lorsque je vois du danger, je suis plus leste qu'un lièvre et je cours plus vite qu'un loup.

Soyez donc sûr que je me distinguerai par mes exploits et que personne ne pourra m'échapper.

Le prévôt et ses gens vont donc mettre le siège devant le château de Pansart et somment inutilement celui-ci de se rendre. La garnison fait une sortie où Fabien est blessé et où Pansart est fait prisonnier. Pansartine, armée d'une grande broche, essaie de délivrer son mari. Le prévôt la désarme, fait mettre Pansart aux fers et ordonne à ses gendarmes de veiller sur le prisonnier. Les gendarmes, altérés par la fatigue de l'expédition, s'en vont au cabaret. Pendant qu'ils boivent, Pansart s'évade. (1)

Mais si, dans *Pansart*, le prévôt et la maréchaussée jouent un rôle assez ridicule, dans *Cabalçar et sa famille* celui de la gendarmerie est tout honorable. En effet, l'of-

---

(1). Dans les farces françaises, l'homme d'armes est vantard, ivrogne et débauché. Le matamore est l'un des personnages conventionnels les plus anciens de la comédie. Il suffit de rappeler le *Miles gloriosus* de Plaute, le *Franc archer de Bagnolet* de Villon, les soldats fanfarons, Tranche-montagne, Tranche-fer, Rodomont, Taillebras, etc., dont se sont divertis nos ancêtres. Les exploits prodigieux de ces foudres de guerre ont presque toujours été accomplis dans des pays lointains; mais ces épouvantails du Grand Turc deviennent d'insignes poltrons dès qu'un danger réel se présente. Cf. Lenient, p. 357; Rigal, *De Jodelle à Molière*, pp.18-27.

ficier y exhorte ses subordonnés, le brigadier et le sergent, à faire consciencieusement leur devoir et à sévir contre tous les perturbateurs de l'ordre public, sans exception.

5° *Le médecin, le barbier, l'apothicaire.* — Aux mascarades souletines, ces trois personnages sont relégués avec les étrangers dans la seconde partie du cortège; et c'est bien aussi comme des étrangers qu'ils apparaissent dans les pastorales comiques. Il ne faut pas oublier que, jusqu'au XVIIIe siècle, on ne connaissait guère dans les campagnes d'autres guérisseurs que ceux dont Régnard dit dans *les Folies amoureuses*, acte III, scène 2 :

> Vous savez que ces gens, venus du fond du monde,
> Pour tous genres de maux apportent des trésors :
> C'est beaucoup, s'ils n'ont pas ressuscité des morts.

Fort nombreux, ces empiriques parcouraient toute l'Europe et faisaient une redoutable concurrence aux médecins diplômés. Les habitants des villes les méprisaient, disaient qu'ils n'étaient bons qu'à soigner les vilains. Sans doute quelques-uns de ces guérisseurs ambulants, lorsqu'ils étaient fatigués de la vie errante, finissaient par revenir chez eux ou par s'établir à poste fixe dans un village.

Le médecin, le barbier et l'apothicaire figurent dans presque toutes les pastorales comiques, et ils s'y vantent invariablement d'avoir été de grands voyageurs et d'avoir rapporté leur science de lointains pays (1). Entre les deux premiers la différence n'est pas grande, et, le cas échéant, il ils exercent à peu près le même ministère, quoique le médecin conserve toujours une certaine supériorité. Mais il ne faut pas les confondre avec le rebouteux dont parle Fr. Michel, p. 151 : car le rebouteux est toujours plus ou moins sorcier, tandis que le médecin, le barbier et l'apothicaire

____

(1) Sur les boniments des charlatans qui parlaient avec emphase de leurs voyages, des rois et des princes qu'ils avaient guéris, etc., voir Fournel, *les Spectacles populaires*, pp. 219-230.

proclament avec orgueil qu'ils ont fréquenté les écoles, traitent les maladies selon les règles de l'art, et n'ont que du mépris pour le rebouteux qui, dépourvu de connaissances scientifiques et de bons instruments, se mêle d'administrer des clystères, quoiqu'il manque des drogues indispensables pour les composer avec un art magistral et qu'il n'y mette que de l'eau de fontaine et du sel de Navarre. (*Planta.*)

Le médecin. — Voici le discours par lequel, dans *Pansart*, il se présente lui-même au public.

Me voici, moi maître Jean, le grand médecin du roi ; et, si vous ne me croyez- pas, j'ai mes diplômes, sachez-le !

Autrefois je fus médecin de Gargantua ; j'ai visité son intérieur et je l'ai guéri.

J'ai passé aussi neuf mois dans le ventre d'une femme, et, lorsque j'en suis sorti, elle a recouvré la santé.

Depuis lors je n'ai jamais cessé d'étudier. Ce n'est donc pas miracle si je suis devenu habile.

Il n'y a que l'expérience, mes bons auditeurs, qui puisse donner le savoir nécessaire.

Il n'existe dans le corps humain aucune partie cachée dont je ne connaisse exactement la place et la fonction...

Non seulement le médecin a emmagasiné dans son cerveau une vaste science, mais il possède des livres qu'il consulte dans les cas difficiles. Par exemple, dans *Planta*, lorsque le mari, inquiet de voir sa femme accoucher après quatre mois de mariage, demande une consultation sur ce phénomène insolite, le médecin répond :

Mon ami, ce n'est pas chose facile à savoir, et pour résoudre ce problème il faut que je recoure à ma bibliothèque.

Mais je ne doute pas de réussir à vous donner satisfaction : car vous ne pourriez trouver au monde un médecin plus habile que moi.

Revenez dans deux heures, apportez-moi dix louis (1), et vous serez parfaitement renseigné.

---

(1). Ce que les Souletins appellent louis, *lusa*, c'est la somme de trois francs. Ce mot ne s'emploie que pour les dizaines 10 louis, 20 louis, etc.

Aussitôt Planta parti, sa femme arrive en cachette chez le médecin, lui offre de le servir de ses biens et de son corps s'il consent à la sauver. Bref, lorsque Planta revient avec les dix louis, l'esculape lui remontre que, selon l'autorité des livres, le fait en question n'est pas très rare; que, par exemple, le cas s'est présenté lorsque Monsieur Cornu épousa Madame Coquette; et qu'en ce qui concerne personnellement Planta, l'anomalie pourrait bien résulter de quelque idiosyncrasie inhérente à l'organisme de l'époux.

Est-il besoin d'ajouter que les remèdes prescrits par le médecin sont d'étranges panacées? Les plus communs, ceux qui conviennent également pour le mal de dents, pour les coliques et pour les blessures, ce sont les clystères et la saignée. S'agit-il de guérir une femme presque aveugle? le remède consiste à priser du tabac. Mais voici une ordonnance plus doctorale, qui pourtant ne réussit pas à sauver Bacchus moribond :

Du sené de la meilleure qualité, de la rhubarbe et de l'agaric, de la scamonée, aloès, polipode et turbic;

De l'hermoadacte, mechoacan, et du jalap. De tout cela, au moins une livre de chaque ingrédient.

Le barbier-chirurgien. — Grand parleur, il débite ses discours dans une langue panachée de basque, de béarnais et de français. Voici celui qu'il prononce dans *Pansart :*

Bonnes gens, je viens de faire le tour de la France et j'ai visité beaucoup de malades et d'hôpitaux.

D'abord je suis allé à Bordeaux pour y faire mon apprentissage. Peu après, j'ai été approuvé à Chartres.

Là, j'ai commencé à faire de belles opérations; puis, au bout de quelque temps, je me suis transporté à Paris.

J'y acquis vite une grande réputation et je ne tardai point à être mandé par monsieur le roi.

Il me donna pour appointements cent francs moins vingt-cinq louis, et me pria de rester toujours attaché à sa personne.

Je le remerciai, mais je préférai partir. Je me rendis dans le royaume de Hongrie.

Après avoir fait le tour de la Prusse et de la Russie, de l'Angleterre et de la Turquie, je suis revenu chéz moi.

Et voici celui, plus pittoresque, qu'il adresse aux spectateurs de *Malkus* :

Je suis parti d'Aroue à seize ans; mais dès cet âge-là j'avais plus d'intelligence que vous tous qui êtes ici.

Je suis allé à Paris, à Madrid; j'ai traversé la Hongrie et la Normandie; j'ai couru le monde pour m'instruire à soigner les malades.

Je connais une foule de remèdes qui, si vous me les achetez, vous empêcheront de mourir avant que vous ne rendiez l'âme.

Les vaches, sur la montagne d'Elçar (1), m'ont appris à saigner en se crevant la panse les unes aux autres à coup de corne.

Lorsque les chiens avaient mal au ventre, ils m'ont appris à purger en mangeant de l'herbe- sifflet.

Pour le mal de tête les béliers se cossent entre eux. Imitez-les, bonnes gens, et vous êtes sûrs de guérir.

Ordinairement le barbier est accompagné d'un domestique encore plus hâbleur que son maître. A peine ce domestique est-il entré depuis quelques jours au service du frater, il déclare qu'il connaît déjà parfaitement le métier et qu'il arrache les dents « sans se faire à lui-même aucun mal.» Comme Gil Blas lorsqu'il était chez le docteur Sangrado, cet intelligent serviteur visite les malades pour son propre compte, et, après avoir offert aux spectateurs de les soigner, il leur explique, non sans allusions obscènes, le maniement de la seringue.

L'apothicaire. — Encore un savant de la même farine, et dont l'histoire est à peu près la même que celle du barbier et du médecin. Il dit dans *Pansart* :

Mes bons auditeurs, je viens vous annoncer ma présence et me faire connaître de vous.

Je suis originaire de cette ville, mais j'ai voyagé au loin. Faites-moi bon accueil, maintenant que je suis revenu.

---

(1) Montagne située dans les communes de Béhorléguy et d'Aussurucq.

Je suis allé en Arménie et en Italie ; j'y ai vu en passant, de belles et curieuses choses.

Je suis allé aussi en Afrique et en Amérique ; mais là j'ai glissé sur un pissat, et peu s'en est fallu que mon nez n'entrât dans la merde.

Je suis allé en Perse, à Sainte-Engrâce, à Larrau, où j'ai trébuché contre une épine et suis tombé à plat ventre sur une Espagnole.

J'ai visité ensuite laSuède, puis Lacarry. Dans ces deux royaumes je n'ai vu que de l'argile et des pierres.

En dernier lieu j'ai passé par l'Irlande, et de l'Irlande je suis venu tout droit ici, en traversant Lannes.

La mortalité est grande dans les campagnes ; mais, quand la mortalité est à la maison, le remède est chez l'apothicaire.

Vous trouverez chez moi toutes sortes de drogues et une machine admirable pour pousser à fond les lavements.

Cette machine, je l'ai rapportée des Indes, et elle est toute en argent Je suis sûr qu'il n'en existe nulle part de la même fabrique..

L'apothicaire est au mieux avec le médecin, qui lui envoie des clients ; mais les clients trouvent excessive la note à payer. Quand cette note est soumise au juge pour qu'il la taxe, l'apothicaire proteste en vain qu'il connaît seul le prix de ses marchandises, qu'il a dû faire à l'Université de Montpellier de longues études qui ne lui coûtaient pas moins de mille francs par an, qu'il a dépensé dix mille francs pour établir sa boutique, et que sa bibliothèque vaut 40 pistoles ; le juge impitoyable résiste à tous ces arguments et réduit la note des deux tiers. (*Planta*.)

Reste à savoir ce que les paysans basques pensent de ces savantissimes disciples d'Esculape, et c'est le prologue de *Pansart* qui va nous l'apprendre :

Ce petit médecin plein d'expérience, il y a chez nous un âne beaucoup plus habile que lui.

Médecins et apothicaires se croient tous fort savants. Ce qu'ils savent le mieux, c'est faire crever les malades.

6° *Les gens de métier.* — Fr. Michel fait observer, p.

390, que dans toutes les littératures on trouve des philip-
piques contre les différentes professions. Le théâtre comique des Basques ne se prive pas, lui non plus, d'en médire.

Le cabaretier. — Il croit toujours que ses bénéfices sont
insuffisants, voudrait gagner au moins vingt francs sur cinq
cruches (environ 60 litres), et, pour y parvenir, verse l'eau
à torrents dans la barrique (1). « De cette façon, dit-il, le
vin aura meilleur goût ». Et sa femme ajoute : « Les jeunes
gens risqueront moins de s'échauffer la tête. » (*Bala et Vilota*).

Le meunier. — Il prélève lui-même en haut du moulin
les deux litres dus pour la mouture; sa femme prélève en
bas deux autres litres. Par ce procédé ils arrivent à voler
une conque sur un boisseau. D'ailleurs ce sont de bons vi-
vants qui préfèrent au bouillon du curé les galettes de maïs
et le lard. (*Saturne*).

Le forgeron. — Il ramasse partout les ferrailles, qu'il
revend comme du fer de bonne qualité. (*Saturne*).

Le cordonnier. — Il achète aux mendiants les vieilles se-
melles ramassées sur la route, et il les emploie comme du
cuir neuf. (*Saturne*).

Le menuisier. — Il se sert pour ses travaux de mauvais
bois de peuplier, qu'il teint en bois de noyer avec du brou
de noix (2) (*Saturne*).

Le chaudronnier, le remouleur, le hongreur figurent dans
les mascarades, et nous avons décrit ailleurs la façon dont
on les y représente (3).

---

(1) Couplet inédit de la *Satire des différentes professions.* « Ah ! honnêtes
aubergistes, si les grenouilles n'étaient pas là pour témoigner et s'il n'y avait
que les poissons (muets) pour attester la chose, on ne pourrait vous con-
vaincre d'avoir vendu leur bien légitime. »

(2) Couplet inédit de la *Satire des différentes professions* :
« Les menuisiers et les charpentiers, oh ! ils font peu d'ouvrage. Et après
avoir mal fait ce peu, ils disent que c'est le bois qui a tort : la matière était
noueuse ou la fibre à contre-sens ».

(3) Voici à titre de curiosité, quatre autres couplets inédits de la *Satire
des différentes professions* :
« L'adresse du maçon ! Il n'est jamais à court d'idées. Après avoir mal
fait le mur, il en bouche les crevasses avec de la boue. Quand la maison s'ef-
fondrera, ce sont les pierres qui auront tort. »
« La tisseuse demande du fil, quoique elle en ait abondamment. Pour vo-

7º *Les mendiants*. — Au théâtre basque comme au théâtre du moyen âge (1), ce sont des fainéants, des gloutons, des ivrognes et des hypocrites. Voici deux scènes de *Canico* qui sont d'assez bonne comédie (2) et qui peignent au naturel ces gueux vagabonds.

D'abord la scène de la mendicité :

Les mendiants se promènent sur la scène.

Guilento. — Bonjour, belle et illustre compagnie. Dieu fasse que nous ayons la joie de nous revoir longtemps encore.

Juanes. — Dieu vous bénisse tous plus que vous ne le méritez, et puisse-t-il nous traiter, comme vous, avec miséricorde.

Guilento. — Soyez tous bénis. Que la grâce de Dieu vous vienne en aide pour vos terres, pour votre bétail, pour tout ce que vous possédez !

Juanes. — Que le ciel vous accorde aussi d'être charitables et de pratiquer toujours la vertu. O gens pleins de pitié, ayez pour nous la main libérale.

Guilento. — Bonnes et honnêtes gens, donnez-nous quelque aumône, sou, liard ou toulousain. C'est cela seulement qui vous rendra la conscience satisfaite.

La charité, ô peuple, est une vertu indispensable. La foi et l'espérance ne suffisent pas; il faut aussi la charité.

Juanes. — Allons, bonnes gens, décidez-vous à nous donner quelque chose. C'est le moyen le plus sûr pour que Dieu accroisse vos biens.

Guilento. — Jamais personne ne s'est appauvri par les bonnes œuvres. Saint-Paul l'affirme, et vous n'avez pas le droit d'en douter.

---

ler les restes de fil, elle laisse la toile lâche, et ensuite elle dit au fournisseur que le fil était mauvais. »

« Le sabotier vole sur le bois. Ce qui vaut sept sous, il le vend douze. Il mange à l'auberge ce qu'il a gagné, et chez lui sa famille souffre la faim. »

« Les colporteurs vont de porte en porte. Leur pacotille ordinaire consiste en épingles et lacets. Ils jouent le dimanche ce qu'ils ont volé aux femmes durant la semaine. »

(1) Voir à la fin du chapitre la note complémentaire sur les mendiants dans le théâtre du moyen âge.

(2) Ces deux scènes se retrouvent presque identiques dans la tragédie d'*Hélène de Constantinople*. Nous ne saurions dire si elles ont été écrites primitivement pour la farce ou pour la tragédie. Il y a aussi des scènes de mendiants dans le *Baptême de Clovis* et dans *Sainte Elisabeth de Portugal*.

Juanes.—Eh quoi? N'y-a-t-il pas ici une seule âme compatissante? Ne nous donnera-t-on pas même un épi de maïs? Serons-nous réduits à mourir de faim?

Guilento. — N'y a t-il pas ici des prêtres, de nobles dames, des demoiselles?... Hélas! il n'y a personne qui veuille donner, ni riches, ni pauvres.

Juanes. — Ces gens sont peut-être sourds, et tu ne parles pas assez haut pour qu'ils entendent. Crie plus fort.

Mais, de toute façon, je doute que nous leur soutirions la moindre monnaie.

Guilento, criant. — Gens honnêtes et laborieux, ouvrez vos oreilles et daignez écouter les meurt-de-faim qui vous implorent.

Juanes. — N'insistons pas davantage. Je vois qu'il est inutile de prêcher ici. (1)

Ce que nous avons de mieux à faire, c'est d'aller boire une gorgée d'eau, s'il y a par là quelque fontaine.

Guilento. — Tu as raison, camarade. Mais pour ce qui est de boire, le cœur ne m'en dit guère, et je t'avoue que j'aurais plutôt envie de manger. Il y a longtemps que je suis à jeun.

Partons, partons. Je vois là-bas un logis où nous recevrons peut-être meilleur accueil. Ici nous n'avons à récolter que des éclats de rire.

Guilento. — Oui, partons. Adieu, Messieurs et Mesdames. Ce que je vous souhaite, c'est que l'âne vous entre ses genoux dans le derrière.

Les mendiants sortent par les deux côtés de la scène.

Un peu plus tard, ils reparaissent et se font des confidences.

Juanes. — Comment vas-tu, Guilento? Es-tu content de ta santé? A quoi passes-tu ton temps? Reçois-tu beaucoup d'aumônes?

Guilento. — Je vis tranquille, camarade, et les soucis ne me tourmentent pas. L'administration de mes biens ne me donne aucune inquiétude.

____

(1(A la représentation, il y a un contraste plaisant entre les doléances, des mendiants et l'attitude du public : car, pendant qu'ils sollicitent la charité, les spectateurs s'amusent à leur jeter quantité de sous sur la scène. (Mauléon, 1909).

Mes maisons, mes terres, mes bestiaux sont en parfait état. Pourvu que j'aie de quoi manger, je suis satisfait de mon sort.

Lorsque j'ai attrapé quelque lopin, je m'estime heureux, et, si j'ai de l'argent en poche, je vais boire une ou deux chopines.

Mais, hélas ! les gens d'aujourd'hui ne croient plus à la vertu de l'aumône.

Ils laissent le mendiant à la porte. Les uns lui disent : «Que Dieu vous donne.»

D'autres lui disent : « On se ruinerait à donner aux pauvres. Vous feriez mieux de travailler comme nous.»

D'autres sont un peu plus charitables : ils donnent un petit morceau de méture (1); mais avant de le donner ils exigent qu'on récite dix *Pater* et dix *Ave*.

Jadis, il m'en souvient, dès que j'avais pononcé le nom de Dieu, les vieilles femmes m'apportaient tout ce que je demandais.

Mais combien les temps sont changés ! Aujourd'hui, j'ai beau crier à tue-tête, les jours de marché : je ne réussis pas à récolter un toulousain.

J'ai beau répéter aux passants :« Faites-moi la charité, bonnes âmes, et que Dieu vous préserve des fâcheuses rencontres !

« Qu'il vous accorde la grâce de rentrer heureusement chez vous!» La plupart d'entre eux poursuivent leur chemin sans m'accorder même un regard.

A ces ladres qui ne donnent rien je souhaite alors, dans le fond de mon cœur : « Puissiez-vous vous casser la tête et vous rompre l'échine, avant d'être revenus à la maison ! »

Et sans aucun doute mes malédictions ne leur glissent pas sur la peau : car, après le marché, je trouve toujours des blessés et des morts le long de la route.

S'ils me faisaient la charité, Dieu les préserverait de telles catastrophes ; mais ils aiment meux garder leur argent pour se saouler dans les auberges.

Dès qu'ils sont saouls, les vieilles haines se ravivent, et bientôt ils se battent à coups de makila.

Vous avez vu de vos yeux, bonnes gens, tous les malheurs qui arrivent. Eh bien, la raison en est qu'on ne m'a pas donné l'aumône.

------

(1) La méture est un pain épais et massif qui se fait avec la farine de maïs.

Juanes. — Tu as sagement parlé, Guilento ; tu as énoncé des vérités profondes. Mais pourtant il ne faut pas oublier qu'il existe encore quelques âmes charitables.

Moi, je ne saurais me plaindre de cette paroisse : les habitants y ont le cœur compatissant et donnent avec beaucoup plus de libéralité que dans le Béarn et dans la Navarre.

Quand les femmes sont seules et que j'entre à la cuisine, il m'arrive encore d'obtenir tout ce que je veux.

D'abord elles m'offrent spontanément de gros épis de maïs. Ensuite, lorsque j'ai mis les épis dans mon sac, je leur demande un morceau de lard, pour l'amour de Dieu.

Une fois que j'ai le lard, je récite un *Pater*, un *Ave*, et, s'il y a du vin, je demande à boire un coup.

Aussitôt la maîtresse dit à la servante : « Va vite, Maria, et apporte un bol de vin pour ce brave homme qui est si pieux. »

Des gens de cet acabit, j'en connais ici un certain nombre et je les couvre de bénédictions.

Vois : j'ai une chingare (1) qu'on m'a donnée là-bas, j'ai des tranches de méture qu'on m'a offertes ce matin ;

Et j'ai même de la viande et du pain, dont une fille m'a régalé à la première maison du village.

Si, de ton côté, tu en as autant, mettons en commun nos pitances. Dans le cas contraitre, paie au moins une bouteille de vin.

Guilento. — Moi aussi, j'ai reçu là-bas une jolie chingare, avec de la méture. Il y avait sur le feu une grande marmite.

Ils ont, paraît-il, du monde à dîner. Toute cette foule qui est là, sur la place, je suppose qu'ils l'ont invitée pour ce soir.

Comme le feu flambait, j'ai fait cuire ma chingare. Je me disais qu'en me voyant manger ils m'offriraient peut-être du vin.

Ce n'aurait pas été miracle si, le lundi de Pâques, j'avais eu deux ou trois verres de vin avec mon lard grillé.

Juanes. — Tu trouveras bien à ramasser quelques liards dans cette foule. Dis-leur que tu en as le plus pressant besoin pour nourrir ta famille.

Guilento, tendant la main. — Je vous en prie, bonnes gens,

---

(1). La chingare est une flèche de lard prélevée sur les côtes du porc.

donnez-moi un petit sou. J'ai une nombreuse famille, et ils sont tous malades.

Je vous réciterai l'oraison sans me tromper d'un seul mot, afin que Dieu vous soit miséricordieux et vous protège contre l'adversité.

Pater noster at benial fiat bolunt astua et ne nos inducas in tentationen sel libera nos a malo. Amen.

Ave Maria dominos lecon et interra in milieribus. Amen. Errequiem donais domine. Gloria patri sicut erat. Amen.

Bonnes gens, n'obtiendrai-je de vous aucun secours? Comment ferai-je pour entretenir une si nombreuse famille?

Il revient près de Juanes.

Camarade, je ne parviens pas à leur soutirer un liard. Je suis sûr qu'ils ont entendu ce que nous disions tout à l'heure au sujet du vin.

Juanes. — Alors, camarade, partons pour Uhart. Si nous empochons quelque chose en route, nous irons souper chez Pillart.

Ils se retirent. Musique.

8º *Les spectateurs.* — Il n'est pas rare que, dans les farces charivariques, les spectateurs soient directement pris à partie par les acteurs, et c'est presque toujours pour adresser à l'assistance une semonce ou des moqueries.

Dans *Recoquillard*, le héros de la farce, étonné de voir tant de monde rassemblé autour du théâtre, s'écrie :

Probablement ces gens-là n'ont rien à faire ; sans quoi, ils ne resteraient pas là, bouche béante, à nous regarder.

Mais c'est dans *Pansart* qu'on trouve les railleries les plus piquantes contre le public :

Ah ! tas de fous, vous ne vous ennuyez pas à m'écouter ! Mais vous feriez mieux d'être chez vous pour donner à manger au bétail.

Et vous particulièrement, vilaines femmes aux fesses basses (boulottes), ne vous rappelez-vous pas que vos enfants pleurent à la maison?

Il y a sûrement ici nombre de ménagères qui sont venues nous écouter après avoir couvert le feu, en laissant la maison sans gardien.

Quand elles rentreront chez elles, oh ! quel plaisir ! Le feu est éteint, et il faut en aller chercher chez le voisin.

NOTE COMPLÉMENTAIRE

Les Mendiants dans le Théâtre du Moyen Age.

Voici quelques échantillons de cette engeance :

Dans *le Jeu du garçon et de l'aveugle*, le mendiant aveugle engage un garçon, nommé Jeannet, qui lui servira de guide et l'aidera à mendier. Tandis que l'aveugle chante, Jeannet fait la quête ; mais personne ne leur donne un liard, etc. (Cf. Sépet, *Origines catholiques*, pp. 426-434.)

Dans le mystère de *Saint Martin*, les mendiants paraissent deux fois. La première fois, ils essaient d'extorquer à Martin une grosse aumône par la fourberie suivante : l'un fait le mort et l'autre demande au saint de quoi enterrer son camarade. La seconde fois, ce sont deux gueux, l'un paralytique et l'autre aveugle, qui tremblent de peur d'être miraculeusement guéris par le saint : car leur infirmité leur permet de vivre grassement sans travailler, au lieu que, s'ils étaient guéris, ils devraient gagner leur vie à la sueur de leur front.

Dans le *Mystère du Nouveau Testament*, on voit d'abord deux vrais pauvres, auxquels Anne et Joachim font de larges aumônes, puis deux faux pauvres qui, après avoir dupé ces personnes charitables, se dupent entre eux. (Cf. Petit de Julleville, t. II, pp. 419 et 538.)

G. HÉRELLE.

SONNETS

VISION BAYONNAISE

A M. le Chanoine Daranatz.

Dans le déclin pâli d'un jour qui va mourir,
Sur les murs gazonnés des remparts de Bayonne,
Les vieux arbres emplis de gloire qui rayonne
Sont déjà dans le rêve avant de s'endormir.

En ce soir de Novembre embaumé de tendresse
La lumière répand sa gaze de douceur;
Et la brise en chantant son cantique berceur,
Sur les bois effeuillés murmure sa caresse...

Par delà les ormeaux — décor médiéval —
De l'antique cité dominant les arcanes,
La Cathédrale dit son rosaire automnal;

Et d'un mauve reflet ses flèches diaphanes
S'éclairent au travers des légers filigranes
Où le ciel vient poser son baiser vespéral.

Glacis de Bayonne,
    automne 1917.

LE GOËLAND

Dans son grand vol plané qui longe le rivage
Et le sacre à nos yeux fils de l'immensité,
Le Goëland paraît, sur la grève sauvage,
Comme un songe hautain de pure liberté.

Je t'envie, ô vainqueur des flots et de l'espace.
Tu n'as pour compagnons que l'azur et le vent
Et ne laisses sous toi, comme éphémère trace,
Que l'ombre d'un oiseau, dans ton rêve vivant.

Je voudrais avec toi partager ce domaine
Que je préfère aux monts dont le marbre géant
Est moins évocateur de la tourmente humaine;

Car mieux que l'aigle encor, sur le gouffre béant,
Tu peux, en côtoyant notre vie incertaine,
De notre humanité contempler le néant...

Moliets-Plage (Landes),.
    année de guerre 1917.

Maurice MARTIN.

Le blocus de Bayonne en 1814

(Suite) (1)

La Sortie du 14 Avril

DERNIERS TRAVAUX DE DÉFENSE. — L'EXERCICE DES CONSCRITS. — MESURES DE DISCIPLINE ET DE POLICE. — LES DÉSERTEURS. — LES TROIS COLONNES D'ATTAQUE. — OFFICIERS TUÉS ET BLESSÉS. — BATAILLE DE ST-ETIENNE. — LE GÉNÉRAL HOPE EST FAIT PRISONNIER.

Le blocus se prolongeait et il était évident que la crise finale approchait. Il était nécessaire de compléter, ou plutôt de perfectionner et augmenter les ouvrages de défense ; or ils étaient loin d'être achevés. Les deux tiers de l'effectif des corps de troupes y étaient employés du point du jour à la nuit close, et des travailleurs supplémentaires étaient commandés à tour de rôle pour les travaux de nuit. « Chacun doit comprendre, disait l'Ordre de Service, qu'il » est important de terminer les travaux, et de se mettre à » l'abri des batteries que l'ennemi ne manquera pas bien- » tôt de démasquer. »

Et, malgré les ordres souvent répétés, ces travaux marchaient avec lenteur. On était cependant dans un moment critique et c'est par « l'achèvement des moyens de défense qu'on rend possible une honorable résistance». Les officiers

---

(1) Nous publions ici la suite de l'étude dont notre regretté collègue M. CHARLES JUNCAR, avait donné la plus grande partie dans les Bulletins de 1913-1914. La fin au prochain numéro.

et sous-officiers étaient cause de ces retards; ils ne surveil-
laient pas suffisamment les travailleurs. Un grand nombre
quittaient les chantiers sans avoir accompli leur tâche, ou
bien s'esquivaient au moment de la réunion des corvées.

Une pareille négligence pouvait causer de grand malheurs
puisque, au moment d'une attaque imprévue, il pouvait y
avoir beaucoup d'absents. Pour parer au manque de surveillance des uns, et éviter cette *envie de courir (sic)* de la
part des autres, le poste avancé de St-Esprit avait pour consigne de défendre le passage à tous sous-officiers et soldats,
à l'exception des hommes de corvée pour les distributions
de vivres qui auraient lieu avant midi. Ceux qui se présenteraient après cette heure devaient être arrêtés et conduits
à la prison de la Citadelle.

Le Commandant du 94e cantonné à St-Esprit était chargé de l'exécution de cette consigne. Recommandation était
faite aux officiers d'user sobrement de la faculté de descendre en ville et « il n'est pas nécessaire, disait le Général
» Maucomble, dans son Rapport du 5 mars, de leur faire
» sentir la conséquence d'une autre manière de se condui-
» re, laquelle les rendrait gravement coupables. Les déta-
» chements de travailleurs ne font pas toutes les tâches
« qui leur sont imposées par les officiers du Génie. Il s'ensuit
» que les ouvrages n'avancent pas aussi vite qu'il est pres-
» sant de les terminer. L'achèvement d'un ouvrage devrait
» inspirer plus d'intérêt à ses défenseurs. Les travailleurs
» ne pourront plus quitter l'atelier sans avoir été assurés
» par l'officier du Génie que la tâche donnée est entière-
» ment achevée. »

Cette lenteur dans l'accomplissement des travaux fait
souvent l'objet des Communications du Commandant.
D'où provient-elle? du mauvais vouloir des soldats? Assurément non ! De l'indifférence des officiers? encore moins !
Le motif vrai était un peu de lassitude et de surmenage
des travailleurs. La garnison presque entière était exposée,
tous les jours, sur les chantiers, aux intempéries d'une saison extrêmement pluvieuse.

Le capitaine du génie Blavinet fut l'intelligent et actif ingénieur de ces importants travaux qui mirent la Citadelle en état de résister aux éventualités les plus redoutables. A partir du 28 mars, 2.740 hommes de la garnison sont employés aux travaux. Pour ménager leur santé et donner un repos réparatoire aux travailleurs ils étaient répartis de la manière suivante :

	6 heures	9 heures	Midi	3 heures	TOTAL
5me Léger	»	150	»	150	300
64e de ligne.......	»	150	»	150	300
70e »	250	»	250	»	500
82e »	150	»	150	»	300
94e »	»	300	»	300	600
95e »	210	40	210	40	500
119e, 1er bataillon .	60	»	60	»	120
119e, 2e bataillon..	»	60	»	60	120
	670	700	670	700	2740

Employer les troupes aux ouvrages de défense n'était pas suffisant. Il fallait encore et surtout les mettre en état de combattre. Quelques régiments paraissaient oublier qu'il était essentiel, en raison du grand nombre de conscrits dont ils se composaient, de reprendre de temps en temps les manœuvres les plus ordinaires de la guerre. Les Chefs de Corps avaient reçu l'ordre de faire l'exercice, tous les jours pendant deux heures, dans le temps qui n'était pas destiné aux travaux du Génie. Des revues d'équipement, d'armement étaient passées fréquemment par les officiers supérieurs et le général Maucomble. Dans une de ces inspections, le 13 mars, il remarque et signale le 64e de Ligne pour le soin apporté dans l'entretien de ses armes et la conservation des munitions : chaque homme était pourvu de 60 cartouches et de 3 pierres à fusil garnies de leur enveloppe de plomb.

Aux éloges qui récompensent il savait joindre le blâme ou la punition qui répriment la paresse ou la négligence. C'est ainsi que, à la suite de cette revue, le capitaine D..., du 5e Léger, fut mis cinq jours aux arrêts pour « s'être dispensé d'être présent à la revue de sa Compagnie qui a parue négligée »

L'isolement, les privations, les travaux incessants auxquels était soumise la garnison de la Citadelle avait un peu relâché les liens de la discipline. Dans les rues de St-Esprit, la nuit, des désordres graves, « qui déshonorent les régiments », se produisaient. Les patrouilles du 94e cantonné dans ce faubourg eurent ordre d'arrêter tout soldat rencontré dans les rues une heure après la retraite jusqu'à la diane; et ceux faisant du bruit dans leurs logements devaient être remis aux Corps de garde jusqu'au jour, puis conduits à la Citadelle. Ces désordres provenaient de diverses causes, dont la principale était l'abandon des maisons par leurs propriétaires ou locataires, abandon qui facilitait les abus et rendait la répression à peu près impossible.

Un arrêté du Gouverneur enjoignit aux habitants de réintégrer leurs maisons à bref délai. « Les habitants de » St-Esprit qui se sont réfugiés à Bayonne en sortiront pour » revenir à leur domicile, sous peine d'y être contraints par » la Gendarmerie et d'avoir leurs meubles confisqués ».

Ces incidents de la vie de garnison causés par l'exubérance, et non le mauvais esprit, de jeunes gens de vingt ans, privés de tout plaisir et de toute distraction, n'avaient pas la gravité que leur attribuait l'autorité militaire. Bien plus sérieux étaient les cas de désertion qui commençaient à se produire, et chose plus grave, elle était favorisée par les habitants. Le Gouverneur, pour enrayer, le mal dut prescrire des peines sévères; il fit paraître l'Ordre du Jour suivant :

Ordre de la Division

« Depuis plusieurs jours, plusieurs soldats de différents » corps de la garnison sont passés à l'ennemi. Les troupes

» reçoivent journellement les vivres qui leur reviènnent et
» de bonne qualité. Cette désertion ne peut donc être que
» le résultat d'une séduction de la part de l'ennemi.

» En conséquence, je réitère l'ordre d'empêcher, par les
» mesures les plus sévères, toute espèce de communication
» entre nos avant-postes et ceux de l'ennemi.

» MM. les Chefs de Corps feront connaître à leurs soldats
» qu'en désertant ils s'exposent à la peine de mort ; ils livrent
» leurs familles à des maux inévitables ; et que le sort qui
» les attend est d'être incorporés dans des bataillons que
» les Anglais envoient dans leurs colonies, en perdant l'espoir
» de rentrer dans leur patrie, et même de donner de leurs
» nouvelles à leurs familles.

» Bayonne, le 27 mars 1814.

» Baron Thouvenot ».

La désertion continuant à sévir, le Gouverneur rappela
aux habitants qu'ils étaient tenus de déclarer à l'Etat-
Major de la place, dans les vingt-quatre heures, les militaires qui se trouvaient chez eux en position d'absence il-
légale, sous peine d'être mis en jugement, conformément
à la loi du 4 nivôse An IV, qui détermine les peines infli-
gées aux embaucheurs et aux provocateurs à la désertion et
qui, à l'article 4, s'exprime ainsi :

« Celui qui, sans être embaucheur pour l'ennemi, l'étran-
» ger ou les rebelles, engage cependant les défenseurs de la
» patrie à quitter leur drapeau, sera puni de neuf années
» de détention ».

La même peine était applicable à tout individu qui se
permettrait, à l'avenir, de recéler, ou simplement recevoir
chez lui, sans billet de logement, un sous-officier ou soldat
des troupes de la garnison.

Des bruits fâcheux commençaient à circuler en ville et
dans les camps. Il était dit que pour vivre, les soldats étaient
réduits à la maraude, que la garnison étant à bout de res-
sources la reddition était proche. La mésaventure survenue

à dix voltigeurs du 5e Léger avait donné plus de consistance à ces insinuations malveillantes. Ces militaires, après avoir mangé une plante assez commune autour de Bayonne, la *ciguë aquatique*, ressemblant au céleri, étaient devênus subitement malades. Le chirurgien-major du Corps leur donna les remèdes usités en pareil cas, et huit de ces hommes furent rendus à la santé. « Rien que la gourmandise, disait » le rapport de la Citadelle, n'a pu exposer ces hommes à » s'empoisonner, puisque la ration de vivres est, tous les » jours, distribuée entière et de bonne qualité ».

Ces fausses nouvelles auraient pu avoir une influence désastreuse sur la défense; il n'en fut heureusement rien. Le Commandement, on le voit, ne laissait passer aucune cccasion de déclarer et affirmer l'abondance et la qualité des vivres, dont la garnison d'ailleurs n'eut jamais à souffrir.

Le 8 avril toute la garnison de la Citadelle prend les armes. Est-ce une sortie qui se prépare? non, car les troupes sont en grande tenue. C'est une exécution capitale qui va avoir lieu. Un malheureux caporal du 82e Jean Nicolas P..., (1) avait, dans un moment d'emportement, percé de sa baïonnette son camarade, Michel Combes, fusilier à la même compagnie; cet infortuné était mort sur le coup. Convaincu du crime d'assassinat, P..., est condamné à la peine de mort et passé par les armes dans les fossés de la Citadelle.

Le 11 avril, les communications entre Bayonne, Saint-Esprit et la Citadelle, interdites le 5 mars, sont de nouveau rétablies. Mais les chefs de Corps ne devront pas oublier qu'ils ne peuvent donner qu'avec la plus grande réserve des permissions pour aller à Bayonne, chacun devant établir ses habitudes à son régiment, et conserver le moins possible des relations avec la ville. « Les personnes des deux » sexes, étrangères à la garnison de la Citadelle, disait le » général Maucomble dans le rapport journalier, qui se

____

(1) De la 3e Compagnie du 1er bataillon.

» présenteraient à l'une des deux portes, pour entrer, seront
» conduites par un homme de garde au bureau de la place
» où elles seront tenues de faire connaître leur identité et
» désigner l'officier à qui elles ont besoin de parler ». En conséquence, toutes les cartes d'entrée étaient annulées ; défense expresse était faite, de nouveau, de laisser monter sur
les parapets et d'entrer dans l'intérieur des bâtiments des
personnes autres que les militaires de service, les officiers
de l'Etat-Major général, ceux de l'artillerie et du génie. Même défense était faite pour tous les ouvrages extérieurs du
Corps de place, du camp retranché et du quatrier St-Esprit.
Les personnes rencontrées dans ces lieux devront être ar-
rêtées par tout militaire et remises à la garde pour être
conduites devant le général à la Citadelle.

Le bruit de l'entrée des Alliés à Paris et de l'abdication
de Napoléon s'était fait jour dans la population. On racontait même que le général anglais Sir John Hope avait proposé au Gouverneur la suspension des hostilités, mais que
celui-ci avait refusé la trève, n'ayant reçu aucune communication du Maréchal Soult (1).

C'est alors que le général Thouvenot, jugeant le moment
favorable pour étendre les lignes de ses avant-postes et reprendre les positions perdues le 27 février, se décida à faire
une sortie.

Toutes les dispositions furent prises pour exécuter cette opération le 4 avril, au matin ; mais les pluies qui tombaient depuis plusieurs jours l'obligèrent à retarder cette
exécution. L'attaque fut enfin fixée au 14 avril.

Dès le 13, les chaloupes canonnières du Commandant De-
poge furent embossées aux Allées-Marines, à la hauteur de
Sabalce. Huit de ces petits bâtiments allèrent mouiller aux
Allées Boufflers, en face de la porte de Mousserolles.

La désertion d'un soldat, dans la nuit du 13 au 14, déci-

---

(1) Sir John Hope avait envoyé un pavillon de trève (*dispached a plag
of truce*) au gouverneur de Bayonne pour l'informer que la guerre avait
cessé entre la France et l'Angleterre ; mais le général Thouvenot avait
refusé de tenir compte de cette communication (Gleig. *the subaltern*).

da le général à brusquer l'attaque. A deux heures du matin les objectifs particuliers et les ordres de mouvement sont donnés.

Trois colonnes doivent agir simultanément : celle de droite sur la route de Toulouse, vers St-Etienne ; celle de gauche sur le chemin du Boucau, et celle du centre devait opérer au carrefour des routes de Bordeaux et Toulouse ; elle avait pour objectif principal le cimetière des Juifs. Un peu avant l'aube, les troupes sont rassemblées et rapprochées des points que l'on se propose d'attaquer. A trois heures du matin un coup de canon retentit. C'est le signal !

La colonne du centre (1), commandée par le chef de bataillon Reynet, du 94e, se porte en avant, précédée des sapeurs des régiments, par la route de Toulouse. Elle détruit tout ce qui obstruait ou coupait le passage, s'empare du Cimetière des Juifs et des maisons environnantes dans lesquelles les Anglais s'étaient retranchés.

Le 94e s'avance alors dans la direction du camp anglais, franchissant les coupures et les retranchements garnis de palissades ; et se met à la poursuite de l'ennemi qui se retire en désordre sur ses dernières lignes. Pour appuyer le mouvement, le général Garbé, commandant le génie de la Place, fait sortir la compagnie des pionniers (capitaine Maillard) et la 9e compagnie de Sapeurs, sous la direction du capitaine Jarey. Elles bouleversent et détruisent, par le fer et par le feu, les travaux des assiègeants. Malgré le feu nourri de l'ennemi, la destruction de ces travaux fut vivement menée sous la protection de la compagnie de grenadiers du 26e et de deux compagnies de grenadiers du 94e, sous les ordres du capitaine Lesmont. L e sous-lieutenant Dubois des sapeurs-mineurs est blessé.

Pendant ce temps, le 5e Léger se portait à l'attaque du château de Basterèche et de Lesperon. Du château de Basterèche on trouve encore quelques traces dans le jardin de

------

(1) Elle était composée du 1er bataillon du 5e Léger (commandant Rey), des 1er et 2e bataillons du 94e de Ligne (commandants Béchelet et Caillet).

Lesperon et une fontaine monumentale parfaitement con-
servée qui atteste la splendeur de ce domaine. Il se compo-
sait d'une vaste maison d'habitation et de communs. L'ensemble formait un grand rectangle, clos de murs sur les
deux faces de la route de Bordeaux et du chemin du Boucau;
ces murs avaient été crénelés. Une porte monumentale, au
nord, y donnait accès; une autre porte plus petite, presque
en face du cimetière des Juifs, s'ouvrait sur le parc. Au sud
du Château et y attenant, un grand jardin, clos de haies
vives, donnait sur les glacis de la Citadelle. C'est par la petite porte que pénètrèrent les tirailleurs du 5ᵉ Léger sous la
protection du 119ᵉ placé sur les remparts et de la compagnie
des grenadiers du 94ᵉ installés derrière les redoutes de la
Grand'Vigne. Ils se répandent dans le parc, poursuivent
les défenseurs, qui cèdent le terrain et se replient sur Basterèche et Lespéron. Les voltigeurs du 5ᵉ s'embusquent
alors derrière les arbres, les accidents du sol et ouvrent
une violente fusillade sur les bâtiments. Au point du jour,
le château et Lesperon, vivement attaqués, sont enlevés à
la baïonnette. Vers six heures du matin les renforts anglais
commencent à arriver. Le général Thouvenot, jugeant que
le but de la sortie était rempli, donna l'ordre de la retraite.
Elle s'opéra sous la protection d'une batterie de 4, que le
capitaine Romgnié avait mise en position à la Grand'
Vigne et à Matras.

Le 5ᵉ Léger avait un officier tué, M. Fritchy, sous-lieutenant, et quatre officiers blessés (1). Les pertes du 94ᵉ qui
avait eu à supporter le premier choc furent assez sensibles;
elles s'élevaient à six officiers tués, douze officiers blessés et
cent cinquante sous-officiers ou soldats mis hors de combat
bat (2).

____

(1) Rey, chef de bataillon; Espigne et Giraud, capitaines; Lemaire,
sous-lieutenant.

(2) Les officiers tués ou morts de leurs blessures étaient : MM. Zeitwo-
gel, adjudant-major, Cathala, E. Durand, Pierret, sous-lieutenants; Nicol,
capitaine, mort le 8 mai ; Sureau, sous-lieutenant, mort le 30 avril.
Les officiers blessés étaient : MM. Reynier, chef de bataillon ; F. Durand,
Peuchot, capitaines; Boitaux, Camin, Chapard, Gabaldos, Julliot, Quenot,
lieutenants ; A. Durand, Simon, sous-lieutenants.

La colonne de droite, sous les ordres du commandant Delassalle, était formée du 2e bàtaillon du 64e (commandant
Macé) et du 1er bataillon du 95e. Elle s'était rassemblée au
pied de la Lunette de Moracin, dans le ravin de Boyer. Il
existe encore un chemin, partant de la Citadelle et passant
par Le Guichot, qui conduit à la Lunette de Moracin. La colonne de droite se porta à l'assaut du Cimetière de St-Etienne par cette voie. Au coup de canon parti de la Citadelle
elle gravit au pas de charge le raidillon sur lequel se trouve
le cimetière.

Précédé de son intrépide chef, le bataillon du 95e aborde
le mur du cimetière d'où part un violent feu de mousque-
terie et s'élance à l'escalade. Le commandant Delassalle,
le premier à ''assaut, tombe mortellement blessé. Les braves du 95e, fous de rage, se jettent à la baïonnette sur les
Anglais, qui se répandent dans le cimetière où on lutte corps
à corps. Les défenseurs du cimetière plient, abandonnent
le terrain et battent en retraite.

Le bataillon du 64e qui a contourné le mur du cimetière
se précipite à l'attaque de l'église vaillamment défendue.
Rien ne peut arrêter l'élan de nos soldats, et les Anglais se
retirent par le chemin de Luyan, poursuivis par les tirailleurs des 64e et 95e.

Les Portugais accourus au bruit du combat menacent
de prendre notre colonne de flanc et de revers. Celle-ci se
retire sous la protection du canon de Moracin.

Le 95e avait deux officiers tués et trois blessés qui mou-
rurent des suites de leurs blessures (1). Le 64e perdait un
officier tué et quatre blessés (2).

Sur les glacis de la Citadelle, le long de la demi-lune de
secours existait un sentier qui conduisait à Basteretche.
C'est ce chemin que prendra la colonne de gauche composée

---

(1) Delassalle, chef de bataillon ; Duetz, sous-lieutenant, tués ; Lau-
chard, capitaine, mort le 26 ; Berreau, lieutenant, mort le 29 ; Directe,
sous-lieutenant, mort le 20.

(2) Dupont, capitaine, mort le 15 ; Chabas, capitaine, Passarieu, Pothier,
lieutenants ; Comone, sous-lieutenant, blessés.

d'un bataillon des 26e, 70e et 82e de Ligne, sous les ordres de M. Vivien, chef de ce dernier régiment. Le terrain où s'engageait cette colonne était compris entre la redoute de la Grand'Vigne et un petit ouvrage abandonné. Un ravin, sorte de caponnière, séparait les ouvrages de la Citadelle de l'ondulation de Montaigu au pouvoir des Anglais.

Au signal donné le 14, à trois heures du matin, la colonne s'ébranle, franchit la porte de secours et s'engage dans le passage encaissé qui conduit au plateau. Elle est accueillie par un feu violent parti des avant-postes anglais. En ce moment deux des trois traversaient le ravin sans tirer, de sorte que les Anglais ne recevant pas notre feu, et doutant de la réalité de notre attaque, cessèrent de tirer à l'instant où nos bataillons allaient se trouver à découvert (1).

Nos soldats s'élancent à la baïonnette et s'emparent du plateau sans brûler une amorce. Le lieutenant Culpin avait reçu l'ordre, aussitôt maître de la crête, de se porter avec ses voltigeurs vers le Boucau, pour empêcher l'arrivée des renforts ennemis. Il venait à peine de prendre ses dispositions, lorsque un bruit de chevaux se fit entendre sur le chemin. Aussitôt il envoie prévenir le commandant et forme sa troupe en double section en masse.

« Deux adjudants du 82e venaient d'être tués à mes cô-
» tés, écrit le commandant Vivien (*loco citato*). Je chargeais
» alors le sieur Pigeon, adjudant au 70e, d'aller dire au sous-
» lieutenant commandant les voltigeurs du 82e de former
» sa compagnie en colonne serrée par sections, au point
» juste où commençait l'encaissement du chemin, afin d'oc-
» cuper la tête du défilé, et d'y attendre l'ennemi, baïonnette
» croisée. Cette compagnie était déjà formée en double sec-
» tion et en masse, et son chef avait fait croiser la baïonnette
» à la première section, mais en se fendant beaucoup et en
» fléchissant le jarret gauche, de manière que la deuxième
» section puisse faire feu debout, sans danger, par dessus
» la première ».

____

(1) Mémoires du commandant Vivien. *Carnet de la Sabretache*, nº 115, de novembre 1905.

Cet ordre fut vivement transmis et exécuté. On entendait distinctement le pas des chevaux arrivant au grand trot. Ils allaient toucher de leur poitrail les baïonnettes de nos voltigeurs, lorsque M. Vulpin commanda le feu. Ce fut dans l'obscurité un pêle-mêle d'hommes et de chevaux.

Un beau cavalier, de haute stature, gisait à terre sous son cheval tué; deux officiers étaient étendus à ses côtés. C'était le général Hope; il avait reçu une balle à l'avant bras droit et une autre à la cheville du pied gauche. Le sergent Bergeot le dégagea et l'envoya au Commandant de la colonne; celui-ci le fit conduire à l'ambulance, soutenu par deux sapeurs (1).

Avant quatre heures, les hauteurs de Montaigu, les maisons Monnet et Amades sont prises et les Anglais refoulés derrière un second retranchement qu'il fallait emporter. Déjà trois tentatives pour enlever l'ouvrage ont échoué et une douzaine de soldats sont blessés en gravissant le talus. Les compagnies de fusiliers, précédées des grenadiers du 82e s'élancent de nouveau à l'attaque et le retranchement est emporté.

Le bataillon du 70e dont la ligne est bientôt renforcée par les tirailleurs du 26e se porte à l'attaque de Basterreche. Les défenseurs du château, voyant leur ligne de retraite sérieusement menacée, abandonnent la position et se retirent sur leur campement établi à Coumères.

Le jour commençait à éclairer le champ de bataille lorsque la colonne reçut l'ordre de regagner ses cantonnements. Le 26e avait sept officiers blessés (2). Le 82e comptait dans ses rangs un officier tué, le capitaine Fayard, déjà blessé le

---

(1) Le général Hope, prisonnier, devait être dirigé sur Bayonne. Il demanda avec instance que la traversée de la ville lui fut évitée. Il passa l'Adour en couralin, et fut conduit à la maison Barraute, place Gramont, où il logea jusqu'à la fin des hostilités (*cette maison porte aujourd'hui le n° 4 de la place de la Liberté*).

(2) Danfer (mort le 2 mai); Pérignon, capitaines; Couturier, Orth, lieutenants; Bordier, Mordant (mort le 15 avril), sous-lieutenants.

27 février, et quatre blessés (1). Le 70e de ligne avait trois officiers tués et trois autres blessés (2).

(A suivre).

CHARLES JUNCAR.

----

(1) Vivien, chef de bataillon; Loix, Petitpas, capitaines; Bona, sous-lieutenant.

(2) St Etienne, chef de bataillon (mort le 19), Saint-Pern, Fayet, capitaines, tués. — Delpoie, lieutenant; Colomb, Lecomte, sous-lieutenants, blessés.

Société

des Sciences, Lettres & Arts de Bayonne

www.ingramcontent.com/pod-product-compliance
Lightning Source LLC
LaVergne TN
LVHW080217200726
843507LV00006B/1012

9 782329 740690